family field
親子田

family
field
親子田

family
field
親子田

family field
親子田

這世界很亂，你得和女兒談談性。

不尷尬、不怕問，性教育專家改變女兒人生的50個對話

作者—孫京伊（性教育專家）
譯者—劉小妮

作者序

女兒的性教育，要愉悅也要有勇氣

我出版了關於兒子性教育的書①之後，得到許多人的關心和愛。不僅在各電視台、報紙或雜誌上被報導，演講的機會日益增加，甚至成為某些機構的外部諮詢委員，幫助性暴力受害者的工作也增加中，而讓我最感動的還是聽到讀者們說：「這本書對我幫助很大。」

有家長問我：「我只有女兒，女兒的性教育要怎樣做才好呢？」或「既然出了兒子性教育的書，那是不是也要出一本女兒性教育的書呢？」

有人認為我只有兒子，所以可能不會出版教導女兒性教育的書，這是一個誤

①《兒子，你鎖房門在幹嘛？》三采文化。

會。當然兒子的性教育是根據我個人經驗來寫的。我的丈夫與父親都有著父權主義思想，生了兒子之後，我希望他能跟他們不同，所以我從「性教育」開始，決心要把兒子培養成「好男人」。

就這樣，我漸漸走上性教育講師這條路，想不到後來還和兒子一起拍影片，也出了書。

這當中，我也接觸了許多關於女兒性教育的問題，在以性教育講師的身分在各地方演講時，也遇到了許多女孩和有女兒的父母，這過程中讓我累積了許多想說的話。

我在兒子性教育那本書中提過，不論是女兒還是兒子，性教育的原則都是相同的，也就是說，在兒子性教育書中出現過的某些內容，也會出現在這本書裡。但不同的是，兒子性教育的核心是「尊重」，而女兒性教育的核心是「主體權」。因為我們的社會對待女兒和兒子的方式不同，所以在教導性教育的時候有部分內容必須有所差異。

所以，雖然我有些苦惱擔心讀者們讀到重複的內容，但還是決定出版這本書，因為身為性教育講師在校園演講時，我遇見了無數的女孩，有耗盡全力跟我訴說自己痛苦經驗的，也有惡狠狠指責我不足的。表面上看起來是我在幫助這些孩子，其實這些孩子也在教導我。如果沒有遇到她們，在性教育講師這個職場上我是不可能成長的。

我希望現在正在栽培女兒的家長們，為了女兒必須瞭解符合當今時代的全新性教育方法，同時也希望家長們為了女兒的未來，關心性別意識教育。只有這樣做才能夠真正地把女兒培養成信心十足，朝氣蓬勃的女性。而當家長們這麼做之後，也會感覺自己的態度和意識開始轉變。

這本書之所以能出版，我想感謝的人非常多。

首先我想對我的兒子孫尚敏說：「兒子，謝謝你。」為了寫書我每天都很忙，對於勞累不堪的我來說，兒子永遠是我最堅強的後盾。

我想對 Dot Face 的趙素垣代表表示感謝，如果沒有 Dot Face 的影片，也就不會有這本書。

對喜歡我的書、廣播、YouTube 影片的讀者和觀眾，我更是懷抱著感激，陪著我一起笑一起哭的大家，你們的支持是我最大的力量。

還有我想對那些促使我成長，在性教育課堂中遇到的孩子們說謝謝。謝謝你們總是毫不保留地對我說出內心話，你們是這本書真正的主角。

我希望這本書能跟有女兒的父母們，一起相伴而行。

二〇一八年秋天　孫京伊

推薦序

為這個時代的女兒們所寫的書

「如果媽媽和兒子能敞開心胸地討論有關性的事情，會怎樣呢？媽媽聊自己自慰的事，兒子也說自己自慰的事。」

這個企劃雖然很好，但問題在於有沒有能夠實行這個企劃的「來自未來的媽媽」。我們幸運遇到了，來自五十一世紀會自慰的媽媽——孫京伊老師。如果沒有孫京伊老師，這個企劃就不可能完成。Dot Face的《媽媽和我》系列是孫京伊老師和她的兒子孫尚敏作家一起針對「性」進行的談話性節目，播出後比預期的更受歡迎。每次錄影的時候，我都會坐在鏡頭後面（即使不需要，我也會到現場去），成為《媽媽和我》忠實的觀眾，咯咯笑個不停。聽孫京伊老師講話是一件很愉快的事情，我想問的事情也一大堆。我第一次看到可以邊笑邊進行的性教育。沒有任何難為情，是實實在在的快樂時間。我甚至感嘆為什麼這種過程愉快，而且讓人能完全理解的性教育過去從未接觸過呢？

關於「性教育」，我最早學到的語彙是「羞恥心」。在學校學到的性知識讓人感覺「性是很奇怪，也很危險」，是一定要躲躲藏藏的事，是絕對不能說的事。只能用「那個」來稱呼。我不知道自己的性器官長什麼樣子，也不知道正確名稱。我們學到的是如果說出「那個」、「奇怪的事情」，就是羞恥的，色情就是不好的。於是當我們胸部慢慢發育後，就會開始害怕去游泳池，因為我們感受到的是，胸部是「色情的」，所以很害怕別人看到自己凸起的胸部。我還記得當時我們一群國小六年級的女生，在泳池外面坐成一排，因為自己的身體感到難為情而瑟縮了。我偶爾還是會這樣想，如果當時能夠上完游泳課的話，那該有多好呢？如果當時有人跟我說那並不是色情，只是「妳的身體」而已，妳不需要害怕，該有多好呢？

身為女性，我經常覺得性是「不方便和危險的事情」。暴力、外在的視線、不愉快……這些詞彙總是跟女性的性連結在一起。對於自己的身體，女孩們通過外在的視線先接收到的訊息是「色情」。從社會環境來看，比起兒子，要讓女兒建立主體性且健康地看待自己身體的觀念更是困難。我們總是受到「要小心」這些警惕長大。腳踝被看到是色情，內衣肩帶顏色被看到是不端莊，聊到性的時候心裡是恐懼的，也無法準確知道和表達自己的慾望。我後來才知道，這些都是我們社會教育的問題，即使到現在，許多父母的性教育仍存在著偏見。

我很羨慕透過這本書瞭解性的女兒們。她們在創造自己世界的時候，正好讀到這些故事，必定會讓她們未來的人生更加美好。關於如何建立健康平等的關係，如何堂堂正正地養成孩子最重要的觀念……這本書都有方法。不只是女兒們，還有在偏見社會長大的女人們，以及希望女兒能夠生活在一個更美好的社會，不需要「畏縮」可以好好生活的媽媽們，我真心推薦這本書。

「不要……」、「不可以……」過去在女孩的性教育中，我們常聽到這些話。如今我希望女孩們都能擺脫這種人生，生活在更美好的社會。讓那些老套的不平等的話語留在過去，從現在起，我們要走向更美好的世界。

Dot Face 趙素垣代表

目錄 Contents

第二章 性教育要從家長開始
——青春期前的15種性教育

第四章 關於性，青春期女孩最想知道的問題

——青春期女孩的21個疑問

第五章　女兒更需要了解性暴力

——父母必須了解的19個關於性暴力的事實

第一章

正因為是女兒，才更加需要性教育

——女兒性教育的 12 個核心原則

家長必須意識到，女兒的性教育得跟過去不同，
才能把女兒教育成有自主性的女性。
把女兒培養成「女人味十足」的時代已經過去了。
正因為時代改變了，
對於所謂好女性的基準自然也必須跟著改變。
我們不僅要把女兒栽培成「好的女性」，
更要把她們教育成「好的人」

原則1

女兒的性教育，必須有所不同

我作為一位性教育講師，在過去遇過許多家長。雖然每位家長的情況都稍許不同，但是大部分生女兒的家長，在性教育上會更苦惱些。媽媽們會想：「因為我也是女人，所以希望能跟女兒好好說明。」爸爸們則認為：「太太應該會處理好吧！」而家長最擔心的是：「如果我家女兒遇到性暴力的話，怎麼辦？」或是「如果有人佔我女兒便宜的話，該怎麼做？」

我是這樣跟這些家長們說的：

「在擔心性暴力之前，你們更應該重新思考如何教導性教育。」

在兒子性教育書中，我教導家長的第一個原則是「兒子的性教育沒有特別不一樣」。這是為了幫助那些認為兒子性教育很難的家長們鼓起勇氣。但是在這本關於女兒性教育的書中，家長要理解的第一個原則是「女兒的性教育，必須有所不同」。這麼說是為了讓那些認為女兒性教育很輕鬆的家長們提高警惕。

其實，兒子和女兒的性教育基本上是沒有不同的。因為對於性的態度、要具備的知識等，男生和女生之間並沒有差異。因此，**兒子的性教育和女兒的性教育在基本原則上是相同的**。

然而，從現實來看，我們的社會目前對於兒子和女兒的性教育卻有很大的差異。通常女兒面對性被要求要被動，要感到畏縮；而兒子則是無所謂，且優先滿足自己的需求。在對於性關係的理解上，告訴女兒要避開性暴力，但告訴兒子只要小心不要讓對方懷孕就好。整體來說，當前的性教育，是把性隱藏起來，然後只是警告孩子們性是多麼危險的事後，就沒有其他內容了。

這樣的教育結果讓女孩在成長過程中，常常對性感到畏縮、充滿罪惡感。不只是對於自己的身體無知，也對男人的性完全不了解。

下面的內容，請各位試著判斷對錯。我問過很多媽媽，答錯的不少，就連爸爸也會判斷錯誤。

①勃起是只有產生性欲時，才會出現的現象。
②發生勃起的時候，如果不能射精會對身體不好。
③因為心理上的原因，有時候無法勃起。
④女性的性器官也會勃起。

正確答案是：①和②是錯誤的，③和④是正確的。①勃起並非只有在產生性欲時才會出現。早上起床時也會勃起，在擠滿人的公車等氧氣不足的空間內也可能勃起。②勃起後，只要不去理睬它，過了一段時間，自然就會消失。並沒有勃起就必須射精這種事情，而且不論是哪種情況，忍著不射精也絕對不會對身體不好。③在發生性關係時，由於太過緊張，或長期處於壓力的狀態下而無法勃起的話，都是很常見的事。④女性的性器官在性慾亢奮的時候也會發生勃起。只不過因為性器官的模樣和結構跟男性的性器官不同，才沒有被明顯看到。

如果不知道這些知識，女性看到男性勃起時就會產生誤會。可能會想「這男的是個變態」自己先嚇到自己，或是產生「男友對我沒有性慾」的誤會。更不用說連自己的性器官在何時會勃起也不知道了。

最糟糕的情況是，許多人因為這些誤會和無知而遭受到性暴力。曾經有一位女孩和男朋友一起去爬山。到了某個偏僻的地方坐下來休息時，兩人開始有了肌膚上的親密觸摸。這時候，男朋友這樣說：「我現在勃起了。男人勃起後，如果沒有射精的話，身體就會異常。」女孩當下因為太過驚恐而拒絕了，事後由於擔心失望的男朋友會提分手，才說出這件事情。

正在交往的對象提出想發生性關係的要求是完全可以理解的事，但利用對方對於性的無知，而施加壓力要求發生性關係的話，廣義來說，也算是一種性暴力。如果這位女性對於勃起有正確的認知，就能看出男朋友的品性並毫不猶豫地提出分手。

過去的教育對兒子和女兒的性教育是完全相反的，就像往不同方向傾斜的竿子。要把已經傾斜了的竿子重新立正的話，要怎樣做呢？必須往相反方向推對吧？也就是說，不只是兒子的性教育，連女兒的性教育也必須改變，而且必須往不同方向來改變。

家長必須意識到，女兒的性教育得跟過去的方式不同，才能把女兒教育成有自主性、堂堂正正的女性。把女兒培養成「女人味十足」的時代已經過去了。正

因為時代改變了，對於所謂好女性的基準自然也必須跟著改變。我們不僅要把女兒栽培成「好的女性」，更要把她們教育成「好的人」。

隨著女性的聲音越來越受到重視，越來越多家長也開始採用不同的方式栽培女兒。甚至出現「阿爾法女孩」（Alpha Gril）這個語詞，指的是在學業、運動、領導等各種領域，超越同齡男性且獲得高度成就和自信的女性。生女兒的家長們紛紛希望能把女兒栽培成阿爾法女孩。

然而，我在當性教育講師時發現，抱持這些想法的家長，集中心力幫助女兒提高學習成績或能力時，卻往往疏忽了女兒的性教育。不只是從家長們身上看見，從在校園內遇到各種年齡層的女孩們身上，也讓我驚覺這個問題。聽著這些孩子們的苦惱，讓我感到相當不捨，而家長們對於女兒性教育不用心，讓我更加感到惋惜。

首先，請各位將「女兒的性教育，必須有所不同。」這件事確實記在腦中，相信對正在閱讀這本書的你來說，一定可以做到。

原則2

家長需要先教育

性教育並非只是孩子們的事情而已，認真追究起來的話，在很多情況下，家長比女兒更需要性教育，我舉一個例子來說好了。

一直以來都有要把「婦產科」這個名稱改成「女性醫學科」的爭論，這是為了消除「婦產科是已婚女性懷孕或生小孩才會去的地方」這個傳統觀念。**但婦產科醫生表示，只要開始有月經的女性，不論結婚與否，不論成年與否，只要有健康的問題都最好去婦產科接受醫生治療**。

聽到這些話，是不是有人認為這只是婦產科醫生的商業術語呢？會這樣想的人是因為對於女性的性無知。生殖器或子宮（現在有些人會將子宮改稱為胞宮，子宮的「子」表示兒子、子女的意思，而胞宮的『胞』意指細胞，是女性生孩子的器官，稱胞宮蘊含以女性為主體的意味。）相關的疾病不論是否結婚，不論是否發生過性關係都有可能發生。只是大家容易把婦產科跟生育做連結，導致許多女孩不敢求診而長期生病。

大多數媽媽在懷孕或生育之前，都沒有去過婦產科看診，甚至擔心在結婚前去婦產科，可能會成為他人八卦的對象，被懷疑「那女孩還沒結婚耶，是不是已經懷孕了？」而更加忌諱。

由於家長們對於婦產科有著錯誤的認知，孩子們也因此忍受著痛苦。生理痛就是最具代表的例子。許多成年女性都有生理痛的情況，女兒們也是如此。幸好生理痛大多數可以忍耐或吃止痛藥度過，然而太嚴重的話，仍會影響到生活。更可怕的問題是，子宮內可能隱藏著造成痛症的疾病。

即使如此，家長們還是很忌諱帶女兒去看婦產科，許多家長甚至不知道生理痛嚴重的話必須去婦產科接受治療。於是，看到女兒因為生理痛受折磨時，只會用成藥、要求女兒改變生活習慣，或帶去看中醫。幸運的話，可能可以因此而解決問題，但那些必須去婦產科接受治療才會好的孩子，就會一直很痛苦。

家長們不懂這些是可以理解的，因為我們生活的年代並沒有接受過性教育。

即使有，也只是片段的懷孕原理或貞節教育。特別是媽媽們接受到的教育更是如此，我自己就是。我是在婚後才成為性教育講師，在那之前我也沒有接受過正確的性教育。身為在國、高中看墮胎或懷孕錄影帶長大的女性，我也曾經對性教育有過扭曲的認知。回想那時候的自己，真是讓人感到既傷心又氣憤。因此，性教育是非常重要的。

從現在開始家長們要承認自身的不足，採取重新學習性教育的態度。必須切斷因家長們錯誤的性知識，而讓孩子陷入痛苦的惡性循環。

原則3

性教育必須先在家裡，在家人間進行

性教育並非只是傳達性的相關知識。基本上性教育是以「關係」為基礎的教育。人際關係、同理心都是性教育的根本，這些並非在社會或學校的短期教育就能培養，必須在家庭中、日常生活中、運用對話持續訓練才能實現。這個只有家長，即使不是家長也是孩子教育負責人才能做得到的事。因此，性教育必須先在家裡，在家人間進行。

家長具備多少性知識是相當重要的。不過即使這樣說，也並不是要大家具備專家的能力，所以不必有太大的壓力。當孩子提出問題時，家長可能因為不知道答案而回答不出來，此時家長只要認同自己的不完美，跟孩子們一起找出答案即可。**最重要的是，在日常生活中教導和實踐可以對性做出判斷的自主權和理解對**

方性別的性別意識敏感度。關於這部分會在之後的章節中詳細說明。

性教育大多集中在孩子二到四歲、國小五六年級到國中二年級、高中一年級等年齡。包含孩子第一次對性產生好奇心的時期、第二次性徵出現的時期，以及開始談戀愛的時期。但這些是狹義的性教育時期，如果把性教育的範圍擴大來看，從孩子一出生就要開始。

當孩子還在媽媽肚子裡時，父母就會開始注重胎教。他們會閱讀書籍、跟胎兒說話或是播放音樂，這些行為並非認定孩子能聽懂才做，而是認為提前跟孩子交流能夠給孩子帶來好的影響。

性教育也是如此。並非到了某個年齡之後才要開始，必須在還聽不懂話的新生兒時期就展開。

例如，要換尿布的時候，爸媽們可以邊換尿布邊說：「女兒尿尿了。」或「尿布濕囉！為了讓妳舒服，我來幫妳換新尿布喔！」想親孩子的時候說：「妳都有好好吃飯，真的好乖喔！我可以親親嗎？」徵求孩子同意後再親吻。這些行為都是性教育，家長對待孩子身體的方式和態度也是性教育的一環。

我對自己的兒子也會這樣做。不管孩子有沒有聽懂，我都會持續詢問他的意見。當然一開始孩子完全不知道那是什麼意思，但父母只要像這樣一直重複教導的話，孩子對於自己身體的意識，身體是屬於我的等想法就會開始萌芽。性教育從孩子一出生就要開始，通過日常生活持續教導來完成。

當我提議在孩子小的時候，就要自然地跟他們談性時，有些家長會顧慮這樣做會不會反而平白無故地勾起孩子對性的好奇心。

我分享一個我聽過的事例。當孩子經常詢問男生和女生身體上的差異時，就是孩子對性開始感興趣的信號。有家長知道這樣，於是送給孩子一本性教育繪本。沒想到孩子經常捉著那本繪本看，特別是出現性器官的頁面更是常常翻看。孩子的爸媽擔心孩子對性太過好奇會出現反效果，就把繪本收起來了。他們怕孩子對性過於關心，整天想著這些事。

我認為有兩個情況會讓性教育出現反效果：

一種是家長不考慮孩子成長的階段，根據自己的推測一口氣告訴孩子太多資訊。**家長不要認為這個年齡應該跟孩子說什麼後，就自顧自的說。而是要通過跟孩子對話判斷孩子現在處於哪個階段？該了解什麼？孩子提出有關性的問題後，家長再反問孩子，這是最好的對話方式。**

我把這種對話稱為「桌球對話」。桌球是一種運動，就像桌面上的球在兩個選手間來來去去那樣，所謂的桌球對話就是家長和孩子之間持續的問答，不是爸媽或孩子單方面說話，而是彼此對話。

還有另外一種情況是，施行性教育時，沒有教導孩子自己才是身體的主人，而只是單純教導孩子有關性的知識。就像刀是有用的道具，也可能成為危險的武器一樣。我們在教導孩子如何使用刀的同時，也要教他們絕對不可以傷害別人。而從性教育來說，**正確使用的方法，就是主體權教育**。有關性的主體權會在後面的原則5中更加詳細地說明。

以上提到的內容在孩子青春期時也是適用的。有些家長擔心真的要教孩子如何避孕嗎？會不會因此激起孩子的好奇心，變成鼓勵他們去發生性關係？比起有兒子的家長，有女兒的家長對避孕的教育更是放心不下。因為不管怎樣，現在社會對於女性的性關係比男性的性關係更為嚴格，特別是對未成年的女性更是如此。但不論是女兒還是兒子，教導正確的避孕方法都是再正常不過的事情。更何況，如果真的不小心懷孕了，女性受到的傷害遠比男性更大。

「精子和卵子相遇之後就會生出小寶寶」這只是一部分內容而已。女性和男性發生性關係後，並非都會懷孕。比起精子和卵子的相遇，通過避孕讓精子和卵子不能相遇的情況更多。也就是說如果女性和男性沒有懷孕計畫的話，就不能讓精子和卵子相遇，而我們必須告訴孩子們有許多方法可以用。

我擔任性教育講師的時候，遇到了許多不同年齡層的孩子，有受過正確性教育的孩子其實對性不那樣好奇。反而是那些一知半解的孩子們，對性過度禁忌或是想像太過豐富了反而往奇怪的方向發展，造成行為極端化的情況。

原則4

平時就要敞開心胸對話

不論做什麼事，有榜樣才能做得好。問題是現在的父母，自己都沒有受過正確和健康的性教育，一定很苦惱要如何自然地教育孩子。

首先，家長們不需要感到彆扭或難為情。知道方法之後就會清楚這並不難。不用刻意談「性」，而是從「日常生活」開始說起就可以了。

人和人之間的關係不就是那樣嗎？彼此之間要變得親密，得經過幾個固定的階段，就拿學生家長之間的交流來說。

第一階段是透過公開場合對話。跟別人第一次見面時，都會互報姓名吧！先自我介紹：「我是某某某的媽媽。」然後常常一起參加學校的活動後，就會變得熟悉，關係也就越來越親密，也會一起相約吃飯。第二階段是開始聊私人話題：

「要不要把孩子送去同一家補習班呢？」或「聽說有個家長教育研討會，我們要不要一起去參加？」第三階段是形成共感關係。彼此分享的事情越多，在日常生活中也會更常碰面。一起做有趣的事、一起看電影，也會一起喝杯酒。繼續這樣來往下去，人跟人之間的關係就會日益加深。第四階段是關係持續和親密的階段，這是最重要的階段，如果順利到達這個階段，雙方就會敞開彼此真實的內心世界。不只是孩子教育的問題，甚至連夫妻或婆家的問題都會彼此傾訴。第五階段是關係形成期。透過分享日常生活，越來越親密之後，就會很自然地聊到與性相關的話題。

家長和孩子的關係也是如此。某一天突然跟孩子聊起有關性的話題，難道孩子們會覺得是關心嗎？反而讓關係變得彆扭吧？孩子們會說：「媽媽幹麼突然這樣？」或「爸爸為什麼要說這個？」

因此，請先從日常生活開始對話。孩子身體產生什麼變化？跟朋友們在玩什麼？學校發生什麼事情？等等各種話題都可以聊，不要一開始就談會讓孩子們感到負擔的性話題。

許多人都很好奇，我可以跟孩子們輕鬆進行性教育的祕訣是什麼。其實根本沒有什麼厲害的祕訣，是因為第四階段關係有好好形成。我只是真誠地跟孩子們對話，孩子們也就真誠地回應我。家長可以先跟孩子們分享自己辛苦的事或苦惱的問題，這樣跟孩子的垂直關係就會變成水平關係。慢慢地自然就可以聊到有關性的話題。因此，建議家長要跟孩子擁有傾聽、訴說、思考、理解彼此內心話的時間。

根據我過去諮詢的經驗來看，關於孩子們苦惱，男孩們會比較希望大人幫忙提供解決方法，女孩們則比較傾向大人傾聽自己的心聲。有女兒的家長們了解這點後，再跟孩子們對話會更好。因為孩子可能原本只是希望家長聽一聽自己的事就好，萬一家長堅持要幫忙解決問題的話，反而會讓孩子們感到負擔。

跟孩子對話的時候，最重要的就是尊重。小的時候，大人說的話中最讓你感到生氣的是什麼呢？我最討厭聽到「小孩子懂什麼！我是你爸！」。我真的非常非常討厭這句話。即使是爸爸也可能犯錯。當我和爸爸意見不同、價值觀不同的時候，為什麼我非要聽爸爸的話呢？我完全無法理解為什麼爸爸一點也聽不進我想說的話。這種對話的結果就是讓我變得無視爸媽，因為我感覺到爸媽先以我是小孩為由無視我了。如今我變成養育孩子的大人了，我不希望孩子無視我。

因此，在孩子還很小的時候，我就會跟他說：「媽媽也有不懂的事，媽媽並不是完美的。因此，你不要認為媽媽說的話都是正確的，如果你覺得媽媽說的話很奇怪或是有錯的話，可以跟媽媽說。還有，你也可能知道的比媽媽多，那時候你可以教媽媽。如果是我知道比較多的話，那換我教你。你跟我都是還在學習的人，大家都是像這樣一起成長的。」

現在我的孩子已經二十四歲了。二十多年來，我都這樣反覆教導他。我的孩子會無視我嗎？當然不會。我認為這就是家長跟兒女之間一定要做好的溝通。**這也是性教育的起始點，通過日常生活對話打開孩子的心。做不到這個，就不可能打開通往性教育的門。**

相反地，若家長能跟兒女敞開心胸聊有關性的話題，那其他話題自然也能輕鬆討論。當家長能跟孩子分享有關性的話題時，就可以和孩子建立能聊任何話題的親密關係。

想這麼做，時間點很重要。孩子們長大後，可能從媒體、同儕、學校等地方得到不正確或被扭曲的性資訊。當孩子有了自己的主見，對家長關閉心房後，想跟孩子聊有關性的話題時，反而會讓彼此的關係越來越遠。因此，要從孩子很小的時候就開始。如果家長能在適當的時間提供孩子正確的資訊，就可以保護孩子不受扭曲資訊的影響。就像幫孩子們打造一個可以區分資訊正確與否，哪些是健康哪些是有害的過濾器。

有些家長可以跟孩子聊各種話題，唯獨有關性的話題實在開不了口。以這種情況來看，仔細觀察後就會發現，很多時候只是爸媽本身的錯覺而已，是爸媽認為無法跟孩子聊這個話題。

我從事性教育講師的工作相當久了，但直到最近才受到社會大眾關注。原因是我跟兒子一起拍了有關性的談話性影片。看到媽媽和兒子可以無所顧忌且認真地聊著跟性有關的話題，讓許多人備受衝擊。但在我家，這樣的對話是極為普通的，所以我從未料到會得到那麼多人關注，而且比起男孩，女孩們的反應更大。我聽到許多十到二十歲的女兒們說：「身為女兒，我實在無法跟媽媽那樣聊天，讓我好羨慕」、「為了成為可以跟孩子那樣對話的媽媽，我想從現在開始學習」、「請跟我交換媽媽」、「居然可以跟孩子那樣聊天，真的好神奇」。

通常兒子都比較木訥，但女兒較隨和，所以有女兒的家長們常常認為自己跟女兒的溝通是沒有問題的，也可能因為女兒們在家裡常常說很多話，所以有些家長會說：「我和女兒在家裡任何話都可以聊。」但是認真了解後，就會發現孩子們真正的苦惱、內心話、日常生活中嚴重的事件等都會隱瞞著家長。她們只是聊著認為家長不會感到負擔的事情而已。孩子們只要決心不說，就會對家長隱瞞或說謊。所以如果家長平常就忌諱跟孩子聊有關性的事情，那麼孩子也絕對不會主動提起。

孩子若能敞開真心跟家長對話，那一定也可以自然地聊跟性有關的話題。若只有這個話題無法說出口的話，家長就要藉由日常對話重新檢視，彼此間是哪裡出問題了。

原則5

女兒性教育的核心是「主體權」

絕對不能認為所謂的性教育只是告知性知識。性教育除了傳授跟生殖器有關的知識外，還有更深層的意義，性教育的目的是培養與訓練健全的性習慣和健康的人際關係。

你有聽過「性自主權」嗎？它的意思就是自己有性行為的決定權。例如：要不要跟某人發生性行為，或是要不要接受某人的親吻等，決定權不在他人，而是自己。

或許有人聽到性自主權時，會認為「這不是理所當然的事嗎？」但我們平時真的有行使性自主權嗎？我們有尊重別人的性自主權嗎？認真討論之後，就會發現其實我們做到的程度很低。

我曾經看過某個廣告，雖然這個廣告的主角不是女兒，而是兒子，但一樣可以給有女兒的家長帶來啟示。

媽媽：（看著正在吃飯的兒子）我兒子是誰的？

兒子：我……是雅英的。

在這個對話中的「雅英」是誰呢？

回答「兒子的女朋友」的人，是受到過去文化影響的人。其實雅英就是這個兒子本人，雅英是兒子的名字。也就是說，孩子說出「我是我自己的」這個理所當然的事實。我的身體不是媽媽的，也不是女朋友的，理所當然是我自己的。大家可能誤認為雅英是女生名字，才會說出「兒子的女朋友」這個答案，但這樣的想法也是偏見。

如果把這個影片給幼稚園的孩子們看，並提出相同問題的話，大多數孩子會指著兒子說：「是他！」因為這些孩子還沒受到傳統文化的影響。然而若孩子之後沒有受到正確性教育的話，那不久的將來答案也會是「他女朋友的！」

把這廣告從頭到尾看完的話，就會知道雅英確實是兒子的女朋友。因為廣告一開始有播出兒子真正的名字。而我也對於這個廣告把媽媽和兒子間常常出現的趣味對話作成錯誤的觀念感到很惋惜。之後的章節，我會再次提到，在性教育上媒體的角色是極為重要的。

正因為許多對性有偏見的廣告，卻像是毫無任何問題般播放，使得我們社會缺乏性自主權的意識。也因此才會讓許多女性跟兒童成為性暴力的受害者。性自我決定權是性教育中最核心的內容。

我想把範圍擴大，把「性」拿掉，焦點放在「自主權」上。不只是性行為上需要自主權，平時許多事情上也都需要。想一想，這是多麼理所當然的事，如果孩子在其他事情上無法根據自己的判斷做選擇的話，那在性行為上就懂得這麼做嗎？性自主權是從日常生活中累積的自主權所延伸出來的。

在寫這本書時，我下定決心在教導女兒性教育的時候，把「性自主權」改成「性主體權」。我希望現代的女孩們可以成為在性方面擁有主體權的人，並且積極地生活。

其實不只是性，過去社會中都是以男性為主體，女性是客體。男性的視角是基準，女性是男性視角下受評價的對象，所以女性以自我為主體的訓練是明顯不足的。

特別是性又是屬於保守的領域，欠缺程度最為嚴重。例如：女性被教育當男性要求跟自己發生性關係的時候，要清楚地說「不」。可是，當自己想說「好」的時候呢？當想要男性跟自己發生性關係的時候該如何做？大部分女性都不知道。這是因為女性認為自己在性事上只能被動，所以無法做出以我為主的行為。

要成為主體並非簡單的事，從某些角度來看，作為客體被動的生活或許還更簡單。我們不必苦惱要如何做，只要根據他人規定的基準來生活就可以了。因此，習慣配合他人生活的女性，看到把自己當主體而過活的女人，會比對男性更加產生敵對感。

所以，女性要擁有主體權是極為困難的事，同時也跟各種社會偏見相衝突。

在女兒的性教育中還有一個核心內容跟主體權同樣重要，那就是勇氣。現今社會中性暴力猖狂，勇氣更是重要。這點在第五章中，會再詳細說明。

原則6

性教育需擴展到「性別意識教育」

提到洋娃娃，你的腦中會出現怎樣的畫面呢？應該是聯想到好幾位女孩圍在一起玩洋娃娃吧？在玩的孩子不可能是男孩吧？洋娃娃的外表又是如何呢？是身體又瘦又修長的白人女孩吧？但現實中真的有人有這種身材比例嗎？

我在歐洲旅行時，看到某個玩具廣告，令我十分訝異。廣告中女孩和男孩一起玩洋娃娃，甚至旁邊還有一個男孩在玩針線遊戲。

你是不是覺得這個廣告很不自然？然而孩子們卻不這麼認為，他們很自然地接受了。但是現實中，家長們卻常說：「你是男生，怎麼可以玩那個？」或「妳是女生，應該這樣玩。」

在英國、瑞典甚至有團體保障孩子們可以玩自己想玩的玩具，不受性別偏見的影響。我在歐洲的時候對某項玩具印象十分深刻，那是一組娃娃，有男有女，也有黃膚色、白膚色和黑膚色，甚至還有只有一條腿和坐在輪椅上的娃娃。

玩這種娃娃的孩子和只玩芭比娃娃的孩子，長久下來會產生不同的價值觀，不管是人生或日後出社會的生活方式也會完全不同。

至今很多人還是認為「女兒要女性化，兒子要像男子漢」或「女兒的東西要用粉紅色，兒子的東西要用藍色」。可是根據研究，孩子們在出生時，只有身體的差異，性格上並沒有不同。但是孩子們在成長的過程中，會不斷受到「妳是女生，要文靜一點」、「男兒有淚不輕彈」等期待而慢慢受到影響。

現在「性別意識」這個詞備受矚目。所謂的性別意識不是從生物學上去區別男女性，而是指經由社會和文化形成的性別認知。這件事傳達了女性化和男性化並非天生，我們必須擺脫過去傳統的性別觀念，自由的表達自身的個性氣質。

因此，所謂的性別意識教育就是糾正過去對於性別偏差的想法，男女雙方真誠地理解和尊重對方的性別，並培養出正確的性別敏感度，不去限制孩子的可能性，不管個性陰柔的男孩還是個性陽剛的女孩，都能讓他們完全做自己。

如今那個把女兒教導得像大家閨秀的時代正在結束。女兒一定要有女人樣的偏見是因為過去社會環境造成的性別偏差，因此培養出許多沒有性別敏感度的女孩。所以我認為性別敏感度性訓練也是性教育的一環，還有前面提到的主體性跟性別意識也都要一同教導，才有可能導正過去錯誤的想法。

家長們從今天起，一定要牢記女性化和男性化並非本質或天生，不要強迫孩子根據性別角色成長，而是幫助他們發展自己天生的個性氣質才是最重要的。

原則7

沒有性別敏感度的性教育毫無意義

在人類歷史上，性別意識成為一個話題，並為了性別平等努力且慢慢獲得成果是近幾年才發生的事。當前，性別平等指數最高的國家有北歐的瑞典、挪威、芬蘭等，而女性開始擁有參政權也不過一百多年前而已。美國也是在一九二〇年才開始讓女性擁有參政權。

我國在解放之後，產業快速發展。但是比起經濟的發展，國人的意識或社會福利指數還遠遠落後，性別平等意識也是如此。

當然，現今性別平等意識已經比過去好很多了。以前女性性暴力受害者往往被認為是自身行為有問題，所以羞於公開，現在性暴力已經重新被認定是性自主權的問題。除此之外，約會暴力，夫妻強姦，跟蹤狂等也不再被認為是示愛的表現，這些無庸置疑都是犯罪行為。

但是性暴力並沒有因此消失，最近從各國紛紛響應的 Me Too 運動中，就可以看出性暴力依然在我們社會中四處蔓延。

現在我們正處於性別平等的過渡期。正在讀這本書的家長們可能大多數介於三十到四十歲之間，想想自己小時候，跟現在相比會發現關於性別平等的許多問題已經改善了，但同時依然有許多問題沒有改變，讓人感到無可奈何。

在這樣的過渡期，我們一定要教導女兒具備性別平等意識，同時改變那些尚未改善的問題，為她們打造更平等的未來。

因此，為了幫助女兒在適合社會的同時，還可以主導變化，家長要先強化性別敏感度。平時在家裡家長有怎樣的感受會原封不動地傳遞給孩子們。

大家回想平時會不會無意識地對女兒說：「妳是女兒……」、「妳是女生……」看電視劇時，會不會脫口而出：「不會吧，男生怎麼可以……」、「她在幹麼？完全不像個女孩子……」看新聞時，如果是女性，不管她的職業或角色，會先評論外表：「哎呀，怎麼長成那樣」、「化的是什麼妝」看到性暴力的新聞時，會不會指責被害者，同時偏袒加害者說：「會不會是女生太敏感了」、

「應該有給什麼暗示吧」、「果然是遇到狐狸精了」呢？

家長要檢討自己在孩子面前，是否有不當的性別觀念。

家事是不是集中在媽媽或爸爸某一個人身上呢？春節或中秋的時候，是不是只有某個人在忙碌？媽媽和爸爸有一同擔起育兒工作嗎？在兒女的教育上，是讓媽媽一個人做決定，還是爸爸也會提出意見呢？媽媽和爸爸會對彼此說：「你還是個男人嗎？」或「女人就是麻煩。」等攻擊的言語嗎？

這些問題不要自己一個人苦思，一定要夫妻兩人共同檢討，這絕對不是夫妻中某一方的問題而已。

只是把性知識裝進腦袋內，而缺乏性別敏感度的性教育是毫無意義的。這就像沒有實施安全教育，而要教導人如何開槍一樣。為了讓女兒可以生活在未來更加不同的社會，家長也要一起努力。

原則8

對性的正反面都需要理解

正在閱讀這本書的你們聽到「性」會聯想到什麼呢？如果拿這個問題到幼稚園去問五歲的孩子，很多孩子會回答：「精子、卵子」、「懷孕」、「結婚」……你感覺到世代差異了嗎？現在的性教育確實比以前更活躍了。

但除了那些，也會聽到「色情片」或「變態」等答案。我曾問過孩子是怎麼知道這些詞彙的，他們回答我，同學說的、某個大哥哥或爸爸說的、在網路上看到的等等。當我再進一步要他們說明什麼時候聽到時，孩子往往說不清楚。就像明明不知道某句髒話的意思，卻因為有趣而學起來是一樣的。

這些年，我跟孩子們諮商時，收集了一些單詞，給大家看一下。

提到「性」會想到的單詞——與身體、物質相關：

家人、男女、避孕、性交、打手槍、射精、精子、月經、生理、小雞雞、賀爾蒙、狼、保險套、sex、kiss、boby、懷孕、小孩、胎教、胎兒、誕生、生命、性高潮、睡覺、子宮、排卵期、大人、媽媽、家庭、異性、衛生紙、陰蒂、手淫、勃起、愛撫、自慰、夢遺、精液。

提到「性」會想到的單詞——與心理、精神相關：

對健康很好、戀愛、交往、純潔、要小心、沉重、神祕、男女碰觸、分享、貼心、性關係、背叛、重要、愉悅、骯髒、好的、色情、害怕、信任、未婚媽媽、美麗、親密關係、第一次、創造、幸福、未婚懷孕、上床、力量、夫妻、愛情、情操、慎重。

如何？你是不是發現，孩子們比你猜測的對性更為關心而且知道得更多。

大家也請試著對自己的孩子提出相同問題。如果孩子的答案是「對健康很好」或「感到愉快」的話，就表示孩子對性抱持著正向態度。萬一孩子的答案是

「骯髒」或「色狼」等答案，那就表示孩子對性抱持的是負面的想法，他們知道的是不愉悅的內容。大致上女孩對性的認知是後者，而男孩則是前者。

對性抱持負面想法並不好，當然完全是正面想法也不妥。**我們在生活中必須讓孩子知道性的優點，也必須了解缺點。因此，對於主要知道優點的孩子要告知不好的地方。而對於主要知道負面的孩子則要告知正面的想法，也就是說資訊必須要平衡。**

當然性並不是不好的，性是好的，健康地經營的話，不只會感到快樂，心理上也能帶來安定感。只是世界上不論什麼，都一定有好跟壞兩面，就像性犯罪，性本身並不壞，但方法不對就會變成犯罪。因此，在孩子還小的時候，就要讓他們知道性的好與壞。

原則9

用正確說法來喚醒性別平等意識

「我為什麼沒有小雞雞？」在女兒還小時，通常都會有這樣的疑惑。有可能是跟爸爸一起洗澡後產生的疑問，也可能是被別的男孩戲弄說：「妳沒有小雞雞。」

過去在爸媽的年代他們會說：「男生有小雞雞，女生沒有小雞雞。」這個說法在當時並不會造成問題。因為過去的社會意識是男生是「有小雞雞」的優等存在，而女性是「沒有小雞雞」的劣等存在。但這句話不僅僅是錯誤的，還是以男性為主體的性別歧視。

日常生活中，我們會發現有很多話語，都是以男性為主體。例如：說到軍人、警察，我們不會特別強調男軍、男警，但會強調女軍、女警，學校也是，女校會特別加上「女」字，如：〇〇女中、〇〇女高，但是男校只會說〇〇國中、〇〇高中。

這些表達都是以男性為主體，女性為客體。我必須再次強調，女兒性教育的核心就是主體權，為了培養女兒的主體權，父母在教養子女時，要好好思考並改善過去不當的做法。

那麼，男生有小雞雞，也就是陰莖，那女生的又是什麼呢？被這樣問的話，大部分的人都會說是子宮。會這樣回答是因為學校教的大多是子宮，但正確答案是陰脣。陰脣還分成大陰脣和小陰脣。

最初的性教育是教「男生有小雞雞，女生沒有小雞雞。」接著發展到第二階段是「男生的小雞雞在外面，女生的小雞雞在裡面。」如今進步到第三階段了，我們應該說「男性有陰莖，女性有陰脣。」

我叫家長們用正確的名稱來說性器官時，有兒子的家長相對比較容易說出「陰莖」這個詞，但是有女兒的家長總是對說出「陰脣」感到彆扭，就連媽媽們都會感到難為情，為什麼呢？因為我們從小並不習慣這麼說，習慣這些稱呼對於性教育極為重要，所以即便很難說出口，我們也要為了孩子經常練習，不只家長要說，也要讓孩子們理解。

要熟悉某個語詞最好的方法，就是去了解它，所以身為女性的我們，要熟悉自己的性器官，同時好好觀察。（關於女性如何觀察自己的性器官，會在第二章中再詳細說明。）

我重新整理一下本篇內容。並不是男生有小雞雞而女生沒有小雞雞，而是女性有小陰脣和大陰脣，男性有陰莖和睪丸。像這樣改變說法之後，女性就不是沒有小雞雞的劣等存在，只是擁有跟男性不同性器官而已。只有意識到這樣，才能夠彼此尊重。

從今開始，不是「有，沒有」而是「有，有」。請培養女性和男性是平等的尊重意識。

原則10

作為一個人，要肯定自己

大家聽過「掙脫束衣運動」（Escape The Corset）嗎？所謂的束衣就是束緊肚子和屁股的女性內衣。在各種女性內衣中，如果用不舒服來排名的話，第一名應該就是束衣了。即使如此，女性們還是願意為了擁有美麗的身材穿上束衣。掙脫束衣運動並不是單純要女性不要穿束衣，而是通過象徵女生裝扮行為的束衣，呼籲大眾不要跟隨這些有問題的意識。某位美妝YouTuber參與掙脫束衣運動後，表示不會再上傳跟化妝有關的影片了，這件事還成為了熱門話題。

對女性來說，為了變美而讓自己疲累不堪的行為數不勝數。例如：化妝、減肥、整型手術等。正在閱讀這本書的媽媽們應該很能體會，而這樣的行為開始慢慢影響更年輕的女孩，現在就連國高中生也會因同學間的裝扮、化妝而感到壓力。不只是十幾歲的少女如此，就連孩童都受影響。不久前，美國還因女童衣服做得比男童短且緊，造成爭論。從孩提時，還沒有意識到要裝扮開始，女性就已經受到「女性得要好好裝扮」這樣的社會文化影響了。

我也沒有從裝扮行為中獲得自由。因此當我看到韓國第一位女性外交部長康京和時，受到了前所未有的衝擊。她毫不遮掩讓白髮自然地露出來，如果我和她同齡，一定會認為女性應當要染髮，把白髮遮蓋住才是。

不過，我還是很享受裝扮。我有時候會覺得這不是裝扮行為，我把這稱之為裝扮遊戲。當我找到適合自己的衣服，付錢的時候很幸福，買回家的時候很幸福，之後穿上它的時候也會感到幸福。

這二者之間有什麼差異呢？我認為評判的基準是「我的視線」，還是「他人的視線」。如果是因為別人會怎麼看而做，例如：男朋友會怎樣看？鄰居會怎樣看？周圍非特定的多數會怎樣看？是為了滿足他人的視線而裝扮自己的話自然會不開心，反而像是在折磨自己。但如果自己是「不管別人怎樣說，反正我喜歡。」這樣的心情裝扮自己，那就真的是件快樂的事情。

很多女性把裝扮這件事當成被強迫去做的某個行為，因此才會對掙脫束衣運動產生共鳴。這正是女性們把「他人的視線」看得比「自己的視線」還重要的證據。這個也跟主體權問題相關。因為認為自己不是主體而是客體，才會在意他人的視線。

當然「我的視線」和「他人的視線」並不是無時無刻都需要區分得很明確。因為太過在意「他人的視線」之後，會在不知不覺間內化成「我的視線」。因此，為了找出「我真正的視線」要練習認真傾聽自己的聲音和興趣。

我認為造成這個現況的最大責任是社會環境，再來就是養育女兒的家長。家長太過在意女兒的外貌，或是強迫女兒得像女生，女兒必定會受影響，最終不得不接受。

可能會有家長感到疑惑，為什麼連這種事都算是性教育？女兒性教育的核心不正是主體權嗎？意思就是，作為一個女性，作為一個人類，我們必須肯定原本的自己。因此，誘導女性嚴格的裝扮自己是不可忽視的問題。我希望女兒們邊探詢「我的視線」，邊長成知道如何享受裝扮的女性。

原則11

判斷女兒所處的階段

現在社會上關於性和性別意識的相關議題正處於重要的過渡期。過去忍受著社會不公平待遇的女性們，開始紛紛為自己發聲。其實這些聲音一直都存在。只是過去這些聲音僅侷限在某個小範圍內，如今已經成為一股誰也無法忽視的巨大社會潮流。

現代的女兒們在這股潮流中會有怎樣的改變呢？我接觸過從國小到高中各種年齡層的女兒們，發現許多孩子都已經改變了。當然並非所有的孩子都是，依然有孩子深受傳統思維所影響。而我一再強調的女兒性教育核心的主體權，就是做為女兒們處於哪個階段的判斷基準。

已經改變了的孩子們主體權很高。有可能是爸媽從小就是這樣教，也可能是在某個契機下自己主動改變。最近發生的江南站殺人事件②和Me Too運動等一連串事件都讓女孩們的性別意識急速產生改變。這些孩子對於自己的身體或性自主權都具備明確的主體意識，也非常關心有關性別意識的話題。跟這些孩子對話的時候，連身為性教育專家的我也常常感到驚訝。

相反的，有些孩子的主體權則嚴重不足，不只是父母的教養問題，也因為這些孩子還沒覺察到改變的必要。也有些是害怕改變，擔心自己改變後，會被周圍的人貼上標籤。跟這些孩子對話的時候，身為性教育專家的我感到非常難過，心裡也定下決心「為了這些孩子們，我必須更加努力。」

偶爾也會遇到處在中間模糊地帶的孩子。這些孩子已經具備主體意識，正在培養自己的主體權，說不定這樣的孩子才是多數。

以主體權為基準可以分成「高階段」、「普通階段」、「低階段」三種程

②二〇一六年五月在江南站發生的隨機殺人事件，兇嫌根本不認識被害女子，只是因為對方是女性，就殺了她。

度，每個孩子的狀況都不一樣。必須要先判斷孩子處在哪個階段，才能根據孩子的現況進行對話。我在接受女孩們的諮詢時，最困難的就是判斷她們處於哪個階段。因此，建議爸媽可以先通過對話，來判斷女兒的狀況。

如果想把低階段的孩子一下子拉到高階段的話，可能會產生反效果，當孩子完全無法理解時，反而會拒絕改變。**所以爸媽在進行性教育的時候要有耐心，一步步慢慢來。**

處於高階段的孩子，並不表示就不需要再接受性教育，畢竟還是孩子，所以即使主體性很高，但在行為表現上也可能展現不出來。更何況當孩子曾直接或間接地遭遇過主體意識受損的事件後，很可能在談戀愛的過程中不自覺地讓主體權變弱。**因此，我們也要同時培養孩子「復原彈力」。所謂的復原彈力是指即使遭遇失敗，也可以跟彈簧那樣回彈，並彈到更高階段的力量。**

原則12

一個孩子的性教育需要全村的幫忙

你一定聽過「扶養一個孩子，需要全村的幫忙。」意思是如果要照顧好一個孩子，並且讓孩子順利成長，單靠父母的力量是不夠的，需要從鄰居開始拓展到整個社會一起協助。

我想把這句話稍微改成「一個孩子的性教育，需要全村的幫忙。」在孩子的性教育上，父母的角色當然是最重要的，但是人是社會性的動物，周遭的人和社會也產生很大的影響力。

現在的孩子，很多很早就到托嬰中心，等再大一點，就送去幼稚園。過去在孩子到國小高年級才施行的性教育，很多從幼稚園就開始教了。家長的想法也跟隨時代在改變，過去若老師打算在幼稚園進行性教育，很多家長一定會反對的說：「會不會太早了？」但現在這樣的教學反而很受歡迎。

然而家長必須要關心的是，孩子在幼兒園所受的是怎樣的性教育呢？會不會只是流於形式，又或是老師真的有教，但對孩子說話時，依然習慣說出：「女生們要……」、「你是男生你應該……」等性別固有偏見。

此外，現代許多家庭需要依靠爺爺奶奶幫忙育兒，甚至爺爺奶奶成為了孩子的主要照顧者。根據育兒專家建議，孩子既然已經託付給長輩，父母不應該事事干涉他們育兒方法，必須尊重老一輩的方式，真的覺得不對的話，先理解對方，再好好找出切入點給予老人家建議。身為性教育講師的我，認為父母有必要確認爺爺奶奶的性別敏感度。

很多家長自己的性別敏感度都已經不夠了，上一輩的爺爺奶奶就更不用說。因此，我們常常看到長輩們困在過去，無法理解現在社會的變化。他們常說：「現在的女生怎麼會像男生那麼野。」、「男孩如果玩家家酒，小雞雞就會不見。」特別是如果對性別敏感度認知過低的長輩，會無法理解為何要培養孫女的主體權。即使父母對孩子進行正確的性教育，但爺爺奶奶並不這麼認為的話，孩子就會感到混亂。

我建議針對這個問題要跟長輩好好商議。首先要充分認同爺爺奶奶育兒的角色和辛苦，然後再跟他們分享性教育的想法和問題意識。

第二章

性教育要從家長開始

——青春期前的 15 種性教育

此時是教導女兒主體權和身體碰觸原則的時期。
我們要告訴孩子們一件重要的事，
那就是在和自己所喜歡的人發生性關係之前，
必須雙方都同意，
並且以自己為考量決定要不要發生性關係，
這一點不論反覆強調多少次都不為過。

女兒性教育1

性教育是從身體教育開始

不論做什麼事情，開始是非常重要的，就像下棋，走好第一步很關鍵。如何展開性教育當然也是極為重要的事。家長要如何開始做呢？核心就是要讓性教育變成一件很自然的事情，讓它成為日常生活的一部分。

性教育並非什麼偉大或困難的事，只要把它想成「身體教育」就可以了。也就是說從幫助新生兒意識到身體的存在，開始自然地進行性教育。

早晨，孩子醒了。家長不要只是單純幫孩子梳洗，而是邊做邊提到孩子的身體。「用溫水來洗臉吧！鼻子要洗，也要刷牙喔，洗刷刷……」當碰觸到孩子的手臂和腿時，家長可以這樣說：「把雙腿打開，站直，手也往上張開喔！」

當家長要幫孩子換尿布時也要如此。對著孩子說：「小妹妹尿尿了耶！」不知道大家有沒有發現，家長會常常在兒子面前說「小雞雞」，但是面對女兒，爸媽卻很少形容性器官，或不知道怎麼說。如果連父母都對說出這些身體器官有所顧慮的話，是絕對不可能做好性教育的。父母可以先慢慢習慣「小妹妹」這個稱呼，之後再練習使用更加準確的名稱。正確的表達會是：「我們的寶貝，妳從陰脣尿尿了耶！」

等孩子再大些，聽得懂爸媽的話之後，就要開始培養孩子表達自己的意思，從這個時候開始，要大量提出徵求孩子同意的問題。「寶貝好像從小妹妹尿尿了，我可以看一下嗎？」不論是多麼小的孩子，她們都擁有身體自主權。家長在孩子們要趕著去學校或幼稚園的時候，往往因為沒時間，會直接脫掉孩子們的衣服。此時，最好的做法是跟孩子說：「妳要自己脫衣服嗎？還是媽媽幫妳脫呢？如果妳想要我幫忙的話，我可以幫妳喔！」像這樣詢問並提出建議，對於培養孩子主體權極為有效。

雖然我沒有女兒，只有兒子，但徵求同意這件事上，對女兒還是對兒子來說並沒有差異。在家裡，我常常邊親著兒子的手背邊說：「哇，你把飯都吃光了，可以親親你的手嗎？」這時候兒子會開心地咯咯笑。若我問：「要更多親親嗎？」兒子會笑著讓我多親他幾下。

還有，當我想抱孩子的時候，我會對孩子張開雙臂。如果孩子跑向我的懷裡，就表示他同意讓我抱他。如果孩子不過來，我就會放下手臂，跟他說：「現在是不是不想跟媽媽抱抱呢？好的，那我知道了。」如果這時候孩子的表情看起來跟平常不一樣的話，可以繼續問：「為什麼討厭跟媽媽抱抱呢？是不是現在心情不好？」往往此時孩子就會開始述說他的心情：「今天我在幼稚園跟朋友打架了……」

為什麼一定要這樣跟孩子溝通呢？因為我們必須讓孩子知道，即便身為父母，我們也會尊敬他們的感情和判斷，同時也是幫忙孩子練習思考和判斷「我現在正在做什麼？」「我現在的感覺如何？」「我的苦惱是什麼？」還可以對孩子傳達「你是自己身體的主人」、「你自己身體的感覺只有你知道」這些訊息。

讓我們再來多探討一下親親的問題。比起有兒子的家長，有女兒的家長好像更常跟孩子討親親。特別是自稱「女兒奴」的爸爸們，大多很喜歡跟女兒親親抱抱。**父母當然是因為愛孩子才會這麼做，但女兒可能產生「爸媽希望跟我親親的話，我一定要同意」的想法。你可能會問那又如何呢？這個就會讓孩子意識到自**

己並非主體，而是客體，是非常不好的。

孩子並不會一直都想跟爸媽親親抱抱，家長也是如此，當完成一天的工作後，也可能因為太累了而不想抱孩子。孩子心情不好時，甚至會邊哭邊拒絕跟爸媽接觸。即使年幼還不太會說話的孩子，也懂得用哭或表情來傳達意願。當孩子出現開心的表情時，才能去碰觸他們，不要對他們發脾氣或是叫他們不要哭。家長也要學會道歉：「對不起！媽媽不知道妳現在不想跟媽媽親親。」

有時家長在看到孩子做出不開心的彆扭表情時，也會覺得可愛和招人憐憫，因此即使孩子表示討厭，很多家長也常常硬親孩子。因為我也是媽媽，所以很能理解這樣的心情。但我希望家長不要這樣做，從孩子的立場來看，這就是違背他的意願去碰觸他的身體的經驗。家長也要從這些過程中，練習尊重孩子的意願。

女兒性教育2

家人之間也要遵守主體權原則

孩子去碰觸其他人的身體時，也必須根據身體自主權這個原則來判斷。我是自己身體的主人，別人當然也是他們身體的主人。其他人想碰觸我的時候，必須得到我的同意。那我想要碰觸別人身體的時候，當然也要獲得他們的同意。牢牢記住這一點，持續對孩子的行為進行練習。

即使對方是親密的家人也不能例外。孩子們必須知道即使對方是家人，即使是最愛自己的爸爸媽媽，也絕對不能隨便觸摸。

孩子們會擔心爸媽不愛自己。因此，有家長會憂慮如果連自己都拒絕孩子的碰觸，會不會讓孩子心裡受傷。正因為這些擔心，很多家長即使身體和精神上都極度疲累的時候，也無法拒絕孩子的要求。這對家長來說不好，對孩子也是不好的。親密的接觸必須在雙方心情愉悅且彼此同意的前提下發生。

家長如果在充滿罪惡感且身心疲累的狀態下勉強跟孩子親密碰觸的話，那就太過犧牲了。人是不能犧牲自己的，不需要誰犧牲，只需要尊重就可以。家長尊重孩子的自主權，孩子也尊重父母的自主權，這就是互相尊重。

這個時候，最重要的是家長要好好跟孩子傳達自己的意思和感覺。許多家長常常因罪惡感而壓抑自己的情緒，無條件地接受孩子的要求，最後就會在某一瞬間爆發，忍不住大叫：「不行，走開！」所以家長也需要練習傳達自己的意思。可以像這樣充分地跟孩子說明：「媽媽剛剛接了個電話，現在心情很難過。等媽媽心情好一點再抱妳，絕對不是媽媽不喜歡妳喔！」記住，不是辯解，而是對孩子好好說明。

孩子可能一開始會感到惶恐，甚至還會耍脾氣。但是等孩子習慣之後，就會明白「媽媽心情好之後，就會來抱我了。」當彼此有了信任，孩子也就不會感到不安了。這麼做也是讓孩子練習尊重父母的情緒，尊重他人的情緒，如此一來，也能讓孩子學習親密行為的禮貌。

大家知道「五比五關係溝通法則」嗎？生活中常常可以看到家長只是站著等

孩子跑過來擁抱。這種擁抱是「零比十」。那要如何簡單地做到「五比五」呢？那就是家長向孩子的方向跑去，孩子也跑向家長。這種擁抱也是尊重雙方主體性的練習，各位家長也可以試試看喔！

發生親密碰觸的時候，要尊重對方的主體權這一點在夫妻之間也必須遵守。夫妻在孩子面前的表現，就是孩子學習的模範。身體的主人是自己，請家長一定要牢記這一點。

女兒性教育3

不可以因為別人說妳可愛，就同意碰觸

不管是親戚、朋友，又或者是在外面遇到的陌生人，常常可以看到，這些成人不假思索地邊說：「好可愛」邊碰觸孩子。這種時候，一定要讓孩子自己做決定，請對方在碰觸前先詢問孩子：「我可以抱抱妳們嗎？」、「我們可以親親嗎？」當然最好是家長從旁協助，看孩子願意讓對方碰觸自己身體的哪些部位，是手背、額頭、鼻子，還是臉頰？

然而大多數情況，當孩子表示不願意時，反而家長會說：「因為妳很可愛，人家才會摸你。」勸導孩子接受對方的碰觸。因為家長希望自己的孩子是乖乖聽話的好小孩，是會受到大人疼愛的小孩。

但是，這麼做並不是培養善良小孩的方式。無視女兒的感受和判斷就是在壓

抑她的主體權。因此，當大人以孩子很可愛為由任意碰觸小孩時，絕對不要孩子勉強接受。

我從很多小女生身上聽到這樣的故事：「我不想跟別人親親，可是爸爸媽媽說不行，他們說如果我拒絕，爺爺奶奶會難過」、「人都到這裡了，當然要抱一下，怎麼還要我一直問」當孩子們聽到這些話時，會感到非常混亂。我只是表達我不要，可是大人們卻說我是壞小孩。結果，大多數小孩因為承受不了大人的壓迫或當下的氣氛，而勉強自己被親親或抱抱。這樣即使在家裡做過練習，其成果也一下子就沒有了。

即使是跟爸媽交情很好的大人，孩子也不見得會感到親切。孩子討厭跟對方有身體碰觸可能是因為太久沒見面而感覺陌生，也可能因為有煙味，或是鬍子太刺了。從孩子立場來看，即使每天見面的家人，有時候也會不想親親，更何況是這些隔好幾個月，或在節日才會見到面的大人，即使對方是深愛孫女的爺爺奶奶也不例外。

絕對不能站在大人的立場去強迫孩子。真的覺得孩子很可愛，還有其他方法可以表達關愛。可以只說：「好可愛。」或是在家長同意的前提下，在公開場合給予孩子想要的零用錢或禮物。

絕對不能讓陌生人碰觸孩子。即使這些碰觸可能看起來沒什麼。例如，搭捷運時，坐在旁邊的叔叔或阿姨邊說「好可愛喔」邊捏小孩的臉。就算是輕微的碰觸，沒有問過小孩的意願，就是絕對不允許的事。

當孩子遇到陌生人碰觸自己時，會轉頭看向父母，孩子是希望父母能保護他。這時候，家長要向對方說清楚：「這位先生，你有得到孩子的同意嗎？即使是身為爸媽的我也是要孩子同意才能碰他們，你不能亂摸孩子。」孩子看到這個情況會再度明白「不論是誰，只要我不同意的話，誰都不能摸我。」同時也會對父母產生「爸爸媽媽有保護我」的信賴感。

從廣義的角度來看，這些跟兒童性暴力問題也有所關聯。許多兒童性犯罪者找到目標後，會引誘孩子說：「妳好可愛喔，要不要跟我一起走？」或是邊說：「我摸摸看喔！因為妳很可愛我才摸妳的。」一邊對孩子上下其手。這種時候，那些習慣自我判斷和決定的孩子就會意識到這不是正常情況，而馬上拒絕。因此，家長務必明確告知孩子，不能因為大人說自己很可愛，就得接受對方的要求。

女兒性教育4

從小就練習說出性器官的正確名稱

關於這個內容在第一章中曾提過，在這裡我會更具體地來說明。因為正確說出性器官的名稱，必須從孩子很小的時候就開始做起。

當提到孩子的性器官時，女兒的話會以「小妹妹」來代稱，兒子的話則常使用「小雞雞」。這些用詞本身並沒有問題。我也不是說絕對不能使用這些詞，只是希望最好能和正確名稱一起使用。

對孩子大人有時會說「喝奶奶」，有時也會說「喝牛奶」；有時會說「包布布」，也會說「包尿布」。像這樣有時使用符合孩子水準的話，有時也使用正確用語，相互交替且自然地使用。

說性器官時也一樣。幫孩子洗澡時，可以說：「我們來洗小妹妹了。」有時也可以更具體地說：「這個是陰脣。」

這樣做是為了讓孩子自然地了解性器官或跟性有關的用詞，語言對於孩子價值觀的形成具有極大的影響力。

之所以這麼做對女兒來說還有一個重要的理由。我們前面提過，相對於有兒子的家長，有女兒的家長更不知道怎樣表達孩子的性器官。當然跟兒子的性器官相比，女兒的性器官比較不顯眼且構造也比較複雜。但這不是主要原因，家長會說不出口最大的原因是，社會文化上對於說出女性的性器官有所忌諱。因此，很多媽媽即使身為女性，對於女性的性器官哪些部位叫什麼名稱也不太清楚，更不用提爸爸們了。

因此，當女兒小的時候，不要說「大陰脣」、「小陰脣」了，連「小妹妹」這個用詞也很少聽到。但連自己的性器官都不瞭解的話，怎麼能培養女兒對性的主體權和勇氣呢？女兒們無法對性擁有主體權是從小造成的。

其實就連「小妹妹」也不是百分之百大家都能了解，大部分的人會說「那裡」，事實上，我們根本就沒有單獨委婉表達女孩性器官的單詞。

性器官無疑是我們一定要瞭解的身體部位。若家長自己都不瞭解，又如何對女兒說出性器官的正確名稱呢？我認為準確知道自己的身體器官，並把這個作為出發點，教孩子懂得愛惜自己的身體是很好的事。

女兒性教育5

教導孩子觀察自己的性器官

有一部電影叫《老娘要革命》（The Divine Order）。這是一部瑞士電影，看過的人可能不多。這部電影描述一九七〇年代，在瑞士小村落發生的女性爭取選舉權的運動。瑞士是歐洲國家中最晚擁有女性選舉權的國家。

為什麼我突然在這裡介紹爭取選舉權的電影呢？因為電影中出現過這樣一幕：主角在法國參加女性遊行之後，又加入某個聚會。在那個聚會上，有很多女性拿著小鏡子仔細觀察自己的性器官，裡頭從二、三十歲的年輕女性到超過七十歲的老太太都有，大家就像第一次看到自己的性器官似地，感到既神奇又有趣。

讀到這裡，媽媽們覺得如何呢？妳曾經仔細地觀察過自己的性器官嗎？我猜大多數的女性都不曾這麼做。媽媽自己都不這麼做的話，那女兒們就更加不容易有機會做了。

男性性器官因為天生構造，所以比較容易觀察得到。即使不刻意去看，平常也會很自然地看到自己的性器官。但是女性的性器官並非如此，一定要刻意把身體往下彎，才能看到自己的性器官，但這個姿勢實在很不舒服。

我會推薦大家跟上述的電影劇情一樣，使用鏡子。當然要叫女兒這樣做之前，媽媽自己要先試試看。先找一個確定沒人會來打擾的場所，在時間充裕的情況下盡情觀察。當然，也要有足夠的燈光。

首先我們會看到的是「外陰部」，其主要作用是保護陰蒂及尿道口和陰道。把雙腳張開，看著鏡子的話，就會看到陰毛從雙腳之間蔓延到肛門周圍，然後會看到「外陰唇」（大陰唇）和「內陰唇」（小陰唇），每個人的陰唇都長得不一樣。

內陰唇柔軟，一碰觸就會很敏感。當給予性刺激後，內陰唇就會發腫，顏色也會變深。恥骨中被陰毛覆蓋的柔軟脂肪組織是「陰阜」。陰阜正下方跟內陰唇連結，柔嫩的陰蒂包皮會覆蓋住「陰蒂頭」。「陰蒂頭」是「陰蒂」的最頂端部位，只要小心地張開陰蒂包皮就可以看到陰蒂頭。陰蒂頭是整個生殖器官中最敏感的部分，受到性刺激時，就會使陰蒂充血並勃起。陰蒂從陰蒂包皮一直連接到恥骨下端，是由陰蒂頭、陰蒂體、陰蒂腳組成，摸起來硬硬的、有彈力，觸摸這個地方偶爾也會感到性興奮。

我偶爾也會特意找時間觀察自己的性器官。隨著年齡的增長，性器官的模樣也會慢慢變化。某一天，我還看到陰毛中居然還長出一根白毛。我相當愛惜自己跟隨歲月增長的性器官，女性一定要觀察自己的性器官，這麼做會讓我們更懂得愛惜自己的身體。

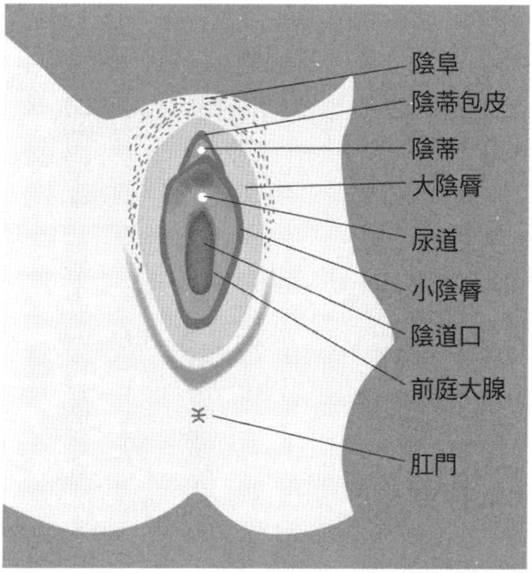

必須這麼做的另外一個原因還有「衛生」。因為天生構造的關係，女性的性器官比男性的性器官更難以清潔。大部分的女性只有在洗澡的時候簡單揉洗一下表面而已，但這麼做完全洗不到性器官皮膚皺摺之間的分泌物。一定要用手指認真地把性器官每個地方打開好好清洗。

我寫這本書最大的目的是為了讓女兒們可以了解正確的性教育，同時內心也深深希望家長能接受符合這個時代的性教育，因此這個章節的內容，我會希望媽媽們能先親自實踐，等媽媽做完後，再跟女兒說明方法。

女兒性教育6

透過積木說明性關係

偶爾孩子會問：「媽媽，寶寶是怎麼生出來的？」當跟孩子說明男女關係，特別是男女生的性器官如何結合時，最好的工具就是孩子們常常玩的積木。我們可以從積木中找出凹和凸的地方，或是用積木做出凹凸的形狀。其實我自己在幫幼稚園孩子上性教育課程時也常常使用積木。

凹進去的積木代表女生，凸出來的是男生。當兩個積木相連結時，就會有小孩，經過九個月後，小孩就會來到這個世界，只要這樣說明就可以了。也可以講成是精子和卵子。當性器官相結合的時候，精子可能會遇到卵子，當然也可能遇不到，如果有遇到的話，就會生出小孩。

在敘述這些事時，有兩點一定要銘記在心。一是家長不要太過於著急要跟孩子說明這些，而是要配合孩子的成長階段。**意思是先判斷孩子對性的認知程度和好奇心，根據孩子的實際情況來進行性教育**。

例如，當孩子好奇小嬰兒是怎樣生出來時？那就表示需要跟孩子說明性器官結合的事了。當孩子提出類似的問題後，家長可以使用積木反問孩子：「女生和男生，誰像這個積木一樣是凸出來的？誰是凹進去的呢？」如果孩子回答：「凸出來的是男生，凹進去的是女生。」就表示這個孩子意識到男女性器官構造上的不同，那父母就可以繼續利用積木來說明。

萬一孩子回答：「不知道。」或是答案很含糊的話，表示孩子可能無法理解性器如何結合，這時候可以先放下積木，只要對孩子說：「是從媽媽的肚子生出來的喔！」就可以了。如果孩子持續表示好奇，並要求繼續說明的話，再根據孩子的程度調整內容。

另外一個要注意的是，**這時候也是教導女兒主體權的重要和身體碰觸原則的時期。我們要告訴孩子們一件事，那就是在和自己喜歡的人發生性關係之前，必須得到雙方的同意，並且以自己為考量，決定要不要發生性關係**。這一點不論反覆強調多少次都不為過，比起單純地告知性知識，這是更為必要的基礎性教育。

女兒性教育7

教導自慰的禮節

我因為只有兒子，之前從未見過女嬰的性器官，直到後來妹妹生了女兒，在某次換尿布時，我才第一次看到。跟成人女性相比，女嬰的性器官更為明顯。看到我吃驚的模樣，妹妹跟我說：「其實我也不知道原來長這樣，是生了女兒之後才知道的。」

因為構造的關係，其實孩子在日常生活中通過摩擦性器官，就能體驗到快感。我聽過的例子很多，如：爸媽幫忙孩子穿上褲子時、在爸媽膝蓋上坐著時，又或是把雙腳跨在枕頭或沙發扶手玩的時候會刻意去摩擦，在三到六歲的幼兒身上常常看到這些行為，這就是幼兒自慰。

家長們直接目睹孩子們這麼做時，可能會感到驚慌，但是絕對不能把這個年紀的自慰行為和青少年或成年人的自慰相提並論，因為幼兒在自慰時，並沒有在腦中想像性對象。

只是如果家長置之不理或是給予錯誤指導的話，可能對孩子的發展會產生不好的影響。家長雖然不需要太過擔心，但必須在觀察後，與孩子進行溝通。

最糟糕的方式是，家長威脅孩子說：「妳為什麼碰那裡？好髒喔，快去洗手！」或是「妳一直去摸那裡的話會長蟲喔！」這些話會讓孩子產生性器官是骯髒的錯誤觀念，或是躲著爸媽變本加厲地摸。

「性器官是很重要的部位，太常摸的話，會讓細菌跑進去喔！」家長可以用這樣的方式跟孩子說明。然後透過孩子喜歡的玩具，自然地幫助他轉移好奇心並藉此分散孩子對性器官的關注。這時候可以選擇如：拼圖、繪畫、玩沙子、玩水、黏土、摸袋子等觸感遊戲。

與此同時也要注意有沒有因為太勉強孩子轉移注意力，而讓他們誤以為這是不好的事情。家長的心態要先調整好，要知道孩子這麼做是很自然的。**不要企圖中斷孩子的自慰行為，反而應該教導孩子在自慰的時候注意禮節。**

第一，只能在自己一個人的時候做。家長可以問孩子：「哪些地方會只有妳自己一個人？」孩子可能回答：「廁所。」或是「自己的房間。」接著爸媽可以繼續說明：「是的，當妳要摸性器官的時候就只能在那裡做。」還可以跟孩子強調：「像客廳會有很多人來來去去，就絕對不能這樣做喔！」因為有很多孩子會誤認為客廳也是自己的房間。

第二，只有自己可以隨心所欲地摸自己的性器官。家長要跟孩子說明不可以給別人看自己的性器官，也不可以看或摸別人的性器官。

第三，摸之前一定要洗手。這部分我想要詳細說明一下，其實家長只要用稍微嚴肅的方式跟孩子說，不洗手的話，骯髒的細菌會跑進重要性器官裡面，孩子都會相信且認真地洗手。這個時期的孩子因為會害怕生病，所以一般來說都會認真洗手。不過當孩子洗完手後，反而不見得會想摸了。

洗手對於調節性方面的慾望是有效果的。因為孩子內心的慾望通過冷水會慢慢消失，也就是說，原本心裡想著快點洗完手就可以摸性器官的想法，在洗手的過程中會慢慢變淡。但我要強調，我並不是說，自慰行為本身是不潔的，要通過洗手來解除內心的罪惡感。我想指出來的事情是，比起孩子自慰這件事，家長的反應更為重要，我在做性教育諮詢時，發現對比有兒子的家長，有女兒的家長在發現孩子自慰後更加擔憂，也更加煎熬。有兒子的家長即使驚慌也會覺得：「畢竟是男生……」但有女兒的家長就會想：「天呀，我的女兒怎麼會這樣……」明明是相同的自慰行為，但**因為過去文化的影響，我們在不知不覺中，帶有女性的性行為是罪惡的社會偏見。**

當我們看到孩子自慰的時候，應該教導的是禮節，而不是罪惡感。

女兒性教育8

幫孩子買東西時不要有性別觀念

當我們去童裝店買衣服時，店員會問什麼呢？「你要找男孩的衣服，還是女孩的」對吧？如果是男孩，店員就會推薦藍色系列的衣服，如果是女孩，店家就會推薦粉紅色系列的衣服。

如今這個時代，女演員會穿西裝褲參加頒獎典禮，也有男生會穿緊身褲搭配裙子。社會上有支持女性「掙脫束衣」的行動，也有拋下男性不能化妝的傳統觀念，當起美麗直播主的男性。在這樣的時代下，實在不明白為什麼一定要給孩子們穿上像男孩或像女孩的衣服。

十九世紀的歐洲認為紅色是男生的顏色。這一點從當時孩子們的肖像畫中可以看得出來。所以像男生的顏色和像女性的顏色不過是某種傳統觀念而已。

玩具也是如此。大人會對男孩推薦槍或機器人，對女孩推薦娃娃或辦家家酒玩具，結果就是分成男孩玩的粗獷遊戲和女孩玩的室內遊戲。

不過，比起這個更讓家長困擾的是，即使家長特別注意性別敏感度，孩子到了某個年齡之後，女兒就會沉迷所謂女生的顏色和女生的玩具，而兒子同樣也想要男生的顏色和男生的玩具。

有些家長發覺，如今女性在社會上還是處於相對不利的位置，所以刻意用不同於傳統的方式教導女兒，希望孩子未來的發展能更好。然而當看到女兒表示喜歡女性化的東西時，不禁感到困擾：「難道男女天生就是不同嗎？」

其實就連專家們也無法明確回答這個問題。可能孩子天生就比較喜歡那些東西，也有可能即使家長沒有給予暗示，但孩子受到媒體或外在環境影響，我覺得後者的可能性比較高。家長或許沒有意識到，但當女孩穿裙子時，比起穿褲子會得到更多稱讚。孩子也會發覺，同儕中長得漂亮或會打扮的能得到大人更多關注。孩子們是根據成人的反應來行動的，這麼一來自然會認為女性化的東西更好。

不過原因到底是什麼並不重要，重要的是家長給予孩子怎樣的基準和態度。

孩子表示喜歡的衣服或玩具跟固有傳統想法相吻合時，家長也不必拒絕孩子。不過在買時可以透過對話讓孩子多思考，問她們：「妳為什麼喜歡這個呢？」誘導孩子思考「除了這個顏色，其他顏色也很適合。」或是建議孩子：「除了洋娃娃，其他玩具如何？妳看還有汽車和機器人。」若覺得玩具本身具備偏見，也能跟孩子說明：「妳看這個洋娃娃實在太瘦了，要是變成這樣是很不健康的喔！」

當家長這樣教導之後，孩子可能依然堅持自己的喜好，其實這樣的孩子還不少。不過家長也別因此灰心而覺得「唉，我過去教的都白費了。」請不要放棄教導孩子正確觀念，因為孩子的喜好並不是固定的會一直變。家長千萬不要輕易動搖，務必堅守原則。

女兒性教育9

父女可以一起洗澡到何時？

在孩子上學之前，家長跟孩子一起洗澡的話，是讓孩子自然地認識性的機會。脫完衣服後，觀察身體部位並說出名稱，或讓孩子說說看對自己身體喜歡或討厭的感覺等這些都是很好的教育。

特別是孩子跟家人一起洗澡的時候，會看到爸媽或兄弟姊妹的性器官，這樣孩子會自然知道原來男生和女生的性器官是不同的。還有把爸媽的身體跟自己的身體相比之後，會發現原來成人會有陰毛。

因此，我建議爸爸們在女兒還小的時候，要常常一起洗澡。即使再忙，週末也要抽出時間。這麼做，可以自然地讓女兒了解身體相關的知識。

不過，當女兒慢慢長大後，就得分開洗澡了。每個家庭都有各自不同的情況，因此分開洗澡的時間也會有所不同，我建議最晚五歲後就要分開。

特別是當爸爸和孩子中只要有一方感到不自在或難為情時，就要分開洗。例如：孩子對於爸爸身體原本沒什麼反應，突然開始好奇地打量爸爸的身體，那就表示孩子可能已經開始對爸爸的身體產生性方面的意識了，父母雙方討論後，最好把女兒洗澡這事情交給媽媽。

這麼做的同時，也要跟孩子說明：「爸爸是為了更加小心保護妳的身體，所以才分開洗澡。」這樣說孩子就能理解，也更加清楚自己身體的重要性。

當然有時候也會出現即使爸爸已經打算要分開洗了，但是孩子還是堅持想跟爸爸一起洗澡的狀況。這種時候，爸爸可以穿著內衣褲幫忙洗或是父母一起幫孩子洗澡來渡過這個階段。

除了洗澡，還有一件事，有些人在家可能不穿衣服或是穿得比較清涼。而且比起媽媽，好像爸爸更容易這樣。如果其他家人完全不會感到不自在的話就算了，但只要有人覺得不舒服的話，就要一起討論怎麼做比較好。這麼做也是告訴孩子，即使是自己的身體，也絕對不能暴露到讓別人覺得不自在。

女兒性教育 10

當孩子對異性感興趣時

孩子到了五、六歲左右，就會開始對異性產生興趣。孩子可能會說：「我們班上某某某長得最帥了。」或「我之後要跟某某某結婚。」這些都是在這個時期非常自然的事情。不過家長要注意，孩子是怎麼向對方表達喜歡的心情，以及對方的反應。

家長可以針對孩子的感情或採取的行動提出問題。例如：「妳最喜歡他什麼地方呢？」「妳對他說了什麼呢？」「妳有跟他牽手嗎？」等。也可以問問對方的反應或行為，例如，「那他也有說喜歡妳嗎？」「他說喜歡之後有做什麼嗎？」「他有叫妳做什麼事情嗎？」。

假如是孩子單方面喜歡對方，並且因為喜歡而做出讓對方討厭的行為的話，家長就需要指導了。例如，即使對方說不要，孩子還是追著對方硬要親親，就算是小孩，這麼做也無庸置疑是暴力行為。

有女兒的家長通常會擔心女兒被如此對待，但我們同時也要想到，自己的孩子也有可能對別人這麼做。我們可以建議孩子先觀察對方喜歡怎樣的行為，讓孩子去試試看。如果對方沒有反應的話，就要教導孩子不可以勉強去接近對方。不管自己有多喜歡，但對方對於這種喜歡沒有反應的話，那就要尊重對方的選擇。

相反的，如果是別人喜歡自己的時候也是如此。不能因為對方喜歡自己就要接受他的所有行為。在家裡有接受過主體權教育的孩子，遇到別的小孩想要強硬親自己時，會想：「咦？媽媽要親我的時候，都會問我可不可以，為什麼他沒先問我呢？」然後就會明確拒絕對方。就算是心裡有些喜歡他，但對於這種行為還是會產生排斥感。

不論是自己的孩子，還是別人的孩子，在某一方表示討厭之後還是持續接近的話，父母絕對不能放任不管。如果是自己的孩子出現這種行為，要先檢討一下平時的家庭文化。如果是別人的小孩這樣的話，可以跟托兒所或幼稚園老師說明，讓老師告知對方家長。孩子們之間也是可能發生性騷擾的，孩子的行為太過

嚴重的話，就必須接受諮詢。

絕對不能認為，只是孩子沒有關係。很多家長會說：「那個年齡的小孩，會這樣是正常的。」或「小孩成長過程中可能都會這樣吧！」但事實上並不是所有那個年齡的小孩都會那樣，有受過正規性教育的孩子絕對不會這麼做。

即使是小孩也是會發生嚴重行為，例如：躲過成人的眼睛在廁所等地方叫其他孩子露出下體給自己看等。小孩其實也知道，這是不對的行為，但為了滿足自己的好奇心，會想方設法不讓成人發現，放任不管的話，這些事有可能會發展成更嚴重的性犯罪。

讓我們難過的是，當孩子受到同齡朋友的性騷擾後，往往因為擔心跟爸媽說後會受到責備，而選擇什麼都不說，導致持續受到性騷擾，特別是女兒更常這樣。如果孩子平常在家有受到正規性教育的話，就會知道說出來才是對的。

幸虧孩子還小，只要成人及時教育和溝通就可以解決這些問題。因此，家長們必須更加注意觀察小孩的行為。

爸爸也要一起參與

將女兒的性教育交給媽媽，而兒子的性教育則交給爸爸，這樣好嗎？我是不會這樣做，對我而言，我們是夫妻兩人一起養育兒子，身為母親的我，當然也要負責兒子的性教育。

不過我確實收到很多爸爸的諮詢，他們都相當苦惱要怎樣進行女兒性教育。過去的性教育諮詢都是以媽媽為對象，若有爸爸通常都會顯得難為情或煩悶。

我自己實踐在孩子身上後，發現媽媽對兒子進行性教育會有許多優勢。例如，因為我也是女生，所以可以好好地跟兒子說明女生的立場，像是女生的身體是這樣、女生的心裡是那樣想的。當然也因為是媽媽，會有不足的地方。例如：我兒子想知道刮鬍子時如何不傷害皮膚，他無法問爸爸只好問朋友。我聽到這件事之後有些傷心。

不過這些都是小問題，整體來說，我即使是媽媽，對兒子進行性教育還是有效果的。但並不是因為我是媽媽，而是因為我具備正確的性教育觀念。我已經強調過許多次，性教育並非單純地告知性知識，性教育是培養孩子用怎樣的態度和觀念來生活。

所以爸爸也完全可以對女兒進行性教育，即使無法講出詳細的知識或技術上的問題都沒關係。因為性教育最重要不是那些知識和技術，女兒性教育的核心是主體性和勇氣。不論是媽媽還是爸爸，最重要的是要讓孩子了解這個核心。至於其他內容通過書籍或影片等資訊就可以了解了。

也就是說，性教育是養育者要一起負擔的責任，並非媽媽或爸爸單方面的事情。只要爸媽是在同一個家中一起養育孩子的話，爸爸就要跟媽媽一起參與性教育。這樣爸爸才能更加理解女兒，彼此間也會更加信賴。

這一點即使對媽媽是全職主婦，而爸爸負責經濟來源的家庭也一樣。爸爸不要認為反正太太會處理好，自己可以不聞不問。正因為爸爸跟孩子相處時間比較少，反而更應該關心孩子。

我們社會過去有段時間充斥著對女性的厭惡，如今這股力量反彈回來，變成對男性極度厭惡。這是非常令人惋惜的事。我想那是因為兩性之間彼此不了解，才讓這種現象變本加厲。因此，如果可以我希望媽媽和爸爸一起擔起孩子的性教育責任，這樣不論是兒子還是女兒都能更加理解異性。

女兒性教育 12

擔心孩子的性別認同，該怎麼辦？

很多家長都會擔心，女兒只想穿褲子和T恤，或是堅持要剪短髮，又或者不跟女孩玩，但跟男孩卻能玩得很開心等等。一開始是擔心「女兒應該要更像女生一點才對。」等孩子再大一點，就會憂慮「是不是我女兒的性別認同跟別人不一樣？」這時候，家長為了想要矯正孩子的性向，常常會強迫孩子穿上裙子或是綁起蝴蝶結。

我認為家長其實不用太過憂心，因為立刻想去矯正孩子更不好。女生該玩洋娃娃，男生該玩機器人或槍，不是這樣的話就是有問題，這種想法不過是偏見罷了。這種固有觀念會限制孩子的腦部發育，扼殺孩子的創意，對於兒童社會性發展也會產生不好的影響。

我認為，人出生的時候會同時具備女性的性格和男性的性格。其實所謂女性的性格和男性的性格，我們可以用溫柔的性格和強悍的性格來表達會更為適合。問題是成人會根據性別來教育孩子。

遊戲不也分成女生玩的遊戲，和男生玩的遊戲嗎？不論是男生還是女生，都可以玩洋娃娃或機器人，家家酒或球。像這樣長大的孩子，因為兩種性角色都均衡發展，日後更能適應社會生活，人際關係也可以處理得更好。

即使如此，站在家長的立場還是會擔心，擔心別人會帶著異樣的眼光批評自己為何這樣養育女兒。如果家長擔心的話，可以問孩子：「妳為什麼討厭穿裙子呢？妳為什麼想穿褲子呢？」孩子或許是遇到什麼困難或問題才會這樣。家長也可以問：「是不是有人戲弄妳？」或「有人因為妳的穿著而說什麼嗎？」通過對話充分了解孩子的想法。如果孩子的理由是恰當的話，那我認為家長應該尊重孩子的選擇。

其實這時候的孩子通常什麼都不懂，有可能沒什麼特別理由只是想那樣做而已，也可能是天生個性就是如此。過去，如果女生的個性比較陽剛的話，可能會被排斥。但如今不論是溫柔還是陽剛，只要了解自己的特質，也可以保有自我幸福地生活下去。家長若只是根據自己的猜測，判定孩子需要改變反而不好，家長真的不需要太過擔心。

演員奉太奎和他的兒子奉時河參加綜藝節目《超人回來了》時，遇到足球選手李東國的兒子李時安，一開始李時安看到穿著粉紅色衣服的時河，以為他是女孩，直到時河換尿布時，才發現原來他是男生。觀眾們看到這個情節後擔憂，時河明明是男孩，父母這樣養育他，不是會讓他對性別認知感到混亂嗎？關於這些警告，奉太奎這位爸爸在推特上留下這段話：

「時河喜歡粉紅色，也想成為公主，所以我想支持他。我認為最重要的不是社會約定俗成的某種標準，而是時河的幸福。」

女兒性教育13

面對同性戀者必須尊重

比起過去，「同性戀」因為受到社會更多關注，所以孩子們在生活中聽到的機會也提高了。當孩子提出相關問題時，家長可能會感到難為情。因為大多數家長可能不了解同性戀，聽到時心裡會有種排斥感。

我過去也對同性戀很排斥，直到聽到一些他們的故事和閱讀相關書籍後，我的態度就改變了，這是人與人之間「尊重的問題」。

我們必須了解異性戀和同性戀都是愛的一種型式。誰要愛上誰？性生活如何？不是他人可以干涉的。既然如此，我們在不了解他們的故事之前，就先產生誤會或不信任是不對的。而且同性戀不過是生命各種型態中的一種而已，並非疾病也不變態，我們不應該去批判、厭惡或認為他們的人生是失敗的，同性戀者過著的是正常的生活，也能享受幸福的人生。

關於同性戀，我分二個部分來談：

第一，如果自己的孩子是同性戀的話。我曾遇過一位喜歡同性的青少年，這孩子跟我說，他曾疑惑：「我為什麼不像其他男生那樣喜歡女生，反而對男生感到心動呢？」藉由這個問題，他開始慢慢地了解自己的性向。一開始他認為自己是因為青春期的關係才會這樣，只要時間過去了就會沒事。他想否定自己，但心裡卻越來越不安，擔心「萬一真的是同性戀的話，該怎辦呢？」這種時候，孩子獨自一人是很難解決這些問題的。絕對需要以家長為中心，結合心理諮商師、學校老師和朋友，甚至是整個社會的理解與幫助。

只是，當家長知道這件事後，往往會跟孩子一樣慌亂，甚至會對孩子生氣，也有家長會自責，是不是自己哪裡做錯了。請記住，家長一定要全然理解並接受自己的孩子，只有這麼做，孩子們才可能克服他人對自己的批判和鄙視。家長必須要努力別讓孩子因為是同性戀者而受到不當的傷害。

第二，若孩子身邊有同性戀者，會不會因此受到傷害呢？這是一種偏見，許多人對於同性戀者會因為不了解而產生莫名的恐懼感。女生怕女同性戀者靠近自己，男生也怕男同性戀者。如果讓同性戀者們聽到這些的話，應該會相當生氣吧！同性戀者當然會跟同性戀者交往，我是異性戀，我對於女性是無法產生性衝動的，同性戀者也是如此。

人們常常認為同性戀者對於性關係很隨便，但是就算是異性戀者，也有人從事性買賣，或過著腐敗的性生活。這不是同性戀或異性戀的關係，而是個人的問題。同性戀者跟異性戀者一樣，渴望尋找情投意合的伴侶，長久地維持關係。

當然同性戀中也會發生性暴力事件。在對方表示不願意後，打算強硬發生性關係的話，那也不是同性戀的問題，而是尊重的問題。不論是異性戀者還是同性戀者，在沒有尊重對方的前提下發生性關係都是暴力行為。

家長可以對孩子提出有關同性戀的問題來了解孩子知道多少，孩子又是如何認知的。如果孩子的想法中帶有偏見，那麼家長要讓孩子了解「尊重」這個核心觀念。

比起擔心自己的孩子受到同性戀者傷害，換個角度來看，家長更需要擔心的是，孩子會不會因為偏見讓他人受傷。事實上，也有孩子因為某一瞬間對同性戀者感到厭惡後，就開始口無遮攔地展現惡意。因此，在孩子還小時，家長就要告知孩子，不管是同性戀者還是異性戀者，我們都需要尊重對方。

女兒性教育14

被孩子看到爸媽親密時怎麼辦？

被孩子看到爸媽正在愛愛，表示爸媽真的太不注意了。在進行親密關係前，請爸媽一定要鎖上房門。

我在接受性教育諮詢時，聽到很多起事件都是這樣發生的：孩子半夜睡醒後想找爸媽，因為臥室的門關著，於是透過相連的陽台，直接走進爸媽的臥室。家長一時疏忽沒關上陽台上的門，於是，孩子就直接從陽台進到臥房。家長一定要多注意，避免這種事情發生。

除了不要讓孩子看到爸媽的性生活外，也務必注意不可以讓孩子看到保險套或情趣用品。萬一真的被孩子發現，家長也不能裝作沒事想要蒙混過關。因為那個場面可能會讓孩子誤會爸爸正在折磨媽媽，所以若沒有向孩子清楚說明的話，會讓孩子留下不愉快的回憶，如果是對男女性關係有點認知的孩子，還可能誤以為性行為是件不好的事。

此時，與孩子展開對話是非常重要的事，但不要只是抓著孩子單方面做解釋，而是使用提問方式，問孩子：「妳看到什麼了嗎？」「妳是怎樣看到的呢？」「妳覺得看起來像什麼呢？」等等。孩子就會根據自己的理解來回答，如：「爸爸媽媽在打架。」或「兩個人在摔跤。」像這樣先提出問題，是為了讓家長掌握孩子知道了多少？是怎麼認知這件事的。

掌握孩子的情況後，再根據孩子能夠理解的話說明即可：「媽媽和爸爸是夫妻，我們很愛對方所以才會玩這個遊戲，夫妻會用這種遊戲來表達我很愛你。」也可以使用前面提過的積木來說明。

同時，也請家長跟孩子說抱歉：「這件事是很私密，不能讓別人看見的事。讓妳看見是我們的錯，真的很對不起。」

家長在跟孩子對話時，千萬不能表現出性行為是件讓人羞恥的事。那樣的話，孩子可能會產生負面想法，認為「爸爸媽媽是不是做錯了什麼？」家長必須要以正常的態度面對，那麼自然能順利解決這個問題。

女兒性教育 15

尋找具備全新性別敏感度的故事

這個時代所需要的全新性教育，前期最重要的就是性別意識教育。在第一章中，我也曾提過，我認為性別意識教育是性教育中很重要的一環。

家長們是為了找尋女兒性教育的方法而買這本書對吧？想不到卻看到我要大家進行性別意識教育，必定會不知該如何是好。我建議若對這件事感到苦惱的家長，可以尋找適合的「故事」。

也就是利用繪本、童書、漫畫書、電視劇、電影之中，擁有不同情感和思想的主角們發生的事來向孩子說明。

不知道大家有沒有發現，小時候我們讀到的知名童話，大多都欠缺性別敏感度。就拿「灰姑娘」和「白雪公主」來看好了，她們的行為是不是都缺乏了自主

權呢？兩個人都是因為男性的選擇，最後才獲得幸福。這些女性可以成為這個時代女兒們的榜樣嗎？即使不是知名童話故事，在其他故事裡，我們也可以發現男性角色通常都具備積極性和主導性，相較之下女性角色則顯得消極或只是極為不重要的配角。

幸好如今已開始出現不同的變化，女性角色開始具有主體權且表現得相當活躍。即使有些作品受到了批評，但越來越受大眾喜歡，正在閱讀這本書的家長若想看看作品有哪些，我從不同領域挑選了一些，放在這本書最後的附錄中，大家可以參考。

當然，家長也可以自己創作故事。不見得要寫出全新的作品，只要把原本的故事改編後，講給孩子聽或跟孩子討論即可。

不久之前，我就看到有家長提議，希望可以重新改編《仙女與樵夫》③這個傳統童話。某位官員也在公開場合說：「我直到小學時，還一直認為樵夫很可憐。但現在站在仙女的角度、孩子的角度、仙女父母的角度重新來看，就會發現樵夫根本就是性暴力罪犯。」大家又是怎麼想呢？如果加上女性主體權的觀念，是不是可以重新審視樵夫的行為？家長在跟孩子看這個故事時，可以稍微改變一下內容再讀給孩子聽。或是對孩子提出問題：「妳認為仙女喜歡樵夫做的事情嗎？」引導孩子用不同的角度來看故事中發生的事情。

如果家長想要自己創作故事的話，也可以改編過去那些具有偏見的故事，相信這麼一來，家長和孩子都能渡過愉快且有意義的故事時間。

③樵夫藏起下凡洗澡的仙女的衣服，並懇求仙女嫁給他。仙女沒有辦法只好同意跟樵夫回家，做了他的妻子。幾年之後，樵夫和仙女有了三個孩子，生活過得很幸福。但是仙女很想念天上的姊妹，常常獨自流淚。某天仙女請樵夫讓她看一眼仙女服，樵夫心疼妻子就拿了出來。沒想到仙女馬上穿上仙女服，抱起孩子飛回天上去了。

第三章

性教育讓家長和孩子更加親近

——青春期的 14 種性教育

比起成績下降，更糟糕的是孩子瞞著爸媽談戀愛。

家長以讀書為由勸告孩子不要談戀愛的話，

孩子非旦不會放棄戀愛，反而有可能想方設法不讓爸媽發現。

孩子一旦下定決心，無論如何都會那樣做，

可是越是躲躲藏藏的戀愛，

越有可能遇到問題。

女兒性教育16

何時讓孩子了解第二性徵？

青春期在性教育中被認為是非常重要的時期，原因在於此時會開始出現第二性徵。第二性徵出現後，孩子的身體就正式轉變成為成人的身體了，不論是在生理還心理上，都要面對「性的存在」。生理上，因為性腺受到刺激，女生開始快速分泌女性荷爾蒙，男性則快速分泌男性荷爾蒙。女生開始有月經，男生開始有射精能力等具備成為成熟女性和男性的條件。精神上，也會因為大腦各部位發育速度不同，出現情緒不穩定的狀態。

當孩子開始出現第二性徵時，家長如果只是想「啊，現在應該要跟孩子說了吧！」就開始跟孩子聊性知識，這樣的做法並不恰當。孩子們因為開始出現第二性徵，身體產生許多變化，此時心裡一定會感到不知所措！因此，最好的做法是，提前告知孩子，讓孩子預先做好心理準備。

雖然每個孩子的情況不同，但多數孩子都是在國小高年級時開始出現第二性徵。因此，建議父母可以提早一兩年告知。我是在兒子大約小學二、三年級時，跟他說明關於第二性徵的事。什麼是夢遺，什麼是射精等我都在那個時候告訴孩子。若孩子心裡有疑問而再回問我，我就再深入說明。女孩會比男孩更早開始出現第二性徵，所以家長一定要提前特別留意。

這時候最重要的是幫助孩子正面且自然地接受第二性徵的出現。例如：跟孩子說明胸部發育的事情。胸部小的女孩會苦惱：「我的胸部為什麼這樣小，一點也不像女生。」胸部大的女孩也會苦惱：「我的胸部為什麼這樣大，看起來很笨重。」所以我們要告訴孩子的是，胸部的大小並不重要，不管是大是小，我們都要愛自己的身體。

另外我們也要告訴孩子，要對自己的身體負責任。在兒子的性教育中，我認為所謂負責任的態度是指「禮貌」。例如：跟別人在一起的時候，如果突然發生勃起的話，就要努力回復正常。但是對女兒來說，負責任的態度就有所不同了，女性太過禮貌反而成為一個問題。

我們要教女兒負責任的態度是「健康地照顧好自己的身體」。例如：不要因為別人覺得好看，而穿上讓自己身體過度不舒服的塑身衣，也不要害怕別人異樣的眼光不敢去婦產科。

和過去相比，現在的幼稚園和國小早早就進行性教育了，因此孩子們對於第二性徵也有相當的認知。不過，家長的角色並不能因此減少，除了在幼稚園和國小的性教育課程外，家長也一定要在家裡對孩子說明第二性徵出現時的狀況。有受過這樣教育的孩子，在出現第二性徵時，就會自然地告訴爸媽身體的變化和產生的苦惱。

即使孩子長大了，也千萬不要忘記，家長是性教育的第一負責人，請家長務必銘記在心。

女兒性教育17

不要因為太晚進行性教育就放棄

在前面章節中，我一直強調女兒性教育的核心是主體性。性教育不是單純地告知性知識，而是培養主體權，當前更需要加入性別教育。因此，青春期前的性教育最重要的是從孩子出生後，就要培養孩子對自己的身體做決定的習慣。

不過正在閱讀這本書的家長，或許很多人的孩子已面臨青春期了，因為不知道怎麼教育青春期的孩子，所以決定買本性教育的書來看看怎麼做，想不到看完書後反而更擔心：「性教育從孩子一出生就要做？那我豈不是太晚開始了，該怎麼辦呢？」

是的，確實太晚了。而且通常女兒還比兒子更快出現第二性徵，再加上現在的孩子比過去發育得更快。因此，非常有可能在家長還沒有注意到時，女兒就已經在不知不覺中出現第二性徵了。於是擁抱孩子時，還是跟以前一樣，用力緊抱孩子，但孩子要開始長胸部了，太用力壓胸部會痛，所以家長一定要輕輕地抱。

不過意識到已經太晚的時候，其實也是吸收最快的時候。雖然晚，但也不能因此而放棄。慶幸的是，孩子尚未成人，所以如果家長覺得太晚的話，就利用提問的方式檢視孩子的性別敏感度，並針對孩子的問題，再來著手進行性教育就可以了。

不論何時，教育的基本原則就是對話。這時候孩子已經完全沒有溝通上的問題了，所以對話的必要也隨之增加。家長可以先問孩子在學校受到怎樣的性教育，然後自然地詢問她：「有什麼感受？」或「朋友們都怎樣說？」來確定同儕間的反應。在青春期的時候，朋友們的影響力比任何時期都來得大，家長不能不注意。

孩子長大之後，親子間可以一起看的電影或電視的選擇也越來越多。媒體也是性教育中很重要的部分，所以可以多活用媒體。「妳認為那個主角可以用那種方式來搞曖昧嗎？」像這樣通過提問自然地開啟性別敏感度的討論。

在家長開始認真想要進行性教育後，可能會發現自身的性知識不足，或受到傳統影響而有錯誤的想法。因此，家長要先通過書籍或相關課程努力改變自己。看到爸媽努力的模樣，孩子也會跟著改變。

女兒性教育18

培養對初經的肯定意識

正在閱讀這本書的媽媽們還記得自己初次月經來的時候嗎？當時面對初經時，應該是遮遮掩掩的吧！就連之後每個月來時，也小心翼翼地掩藏，就連說出「生理期」都感到不好意思。

不過現在情況大大改變了。女兒初經來時，甚至有家長舉辦「初經派對」為孩子慶祝。每個家庭的做法不同，有些會買蛋糕、點蠟燭；有些會買女兒平時想要東西作為禮物。與此同時，還會送生理用品並和女兒分享關於第二性徵的事。跟過去相比，這真的是值得嘉許的改變。我也在兒子初次射精時，也幫他舉辦了一個派對。

可是，在為孩子做性教育諮商的過程中，我發現大多數的女孩，都是在準備不足的情況下，初經就來了，或是依舊對初經抱持負面意識。現今即使已出現初經派對這種新穎的文化，還是有許多人依然以傳統的方式在教養子女。

我從孩子們口中聽過許多故事。某個女孩，有一天發現內褲上沾滿了暗紅色的東西。因為孩子們學到的知識是月經是紅色的，所以根本沒有意識到這是初經，她懷疑的想著：「呀，這裡怎麼會沾到巧克力了？」甚至產生誤會，誤以為是痔瘡，還跑到醫院去。很多孩子不知道，月經剛來時血不是紅色的，更多的是暗紅色或深褐色。

比這些更嚴重的是，對初經抱持負面想法的孩子。因為這些孩子平時從爸媽口中聽到有關月經都是不好的事。例如：月經來之後就不會再長高，所以不要太早來比較好；如果生理痛太嚴重的話，會妨礙學習，誰誰誰就是因為生理痛錯過了重要的考試；月經來之後，就要注意言行舉止了，身體已經可以懷孕了，就連穿衣服也要小心等等

如果孩子常常聽到這些話，那當初經來的時候，心情會如何呢？當然不可能開心，甚至想要掩藏。因此有些孩子初經來時不敢說，直到被爸媽發現沾到經血的內褲或衛生棉才不得不坦誠。她們對於自己要變成大人、要正式成為女人感到

負擔。

孩子會對月經產生負面意識，大多源於家長。可能家長本身也沒有意識到原來自己有著負面想法。特別是媽媽本身對初經若有不好回憶的話，即使很清楚知道不能這麼說，還是會在無意識中影響孩子。媽媽的態度若是身心不一，孩子馬上就能察覺。

因此，不管有沒有舉辦初經派對，最重要的還是家長自身肯定的態度。若孩子對初經抱持正面態度，他們就會期待初經到來，對轉變成為女性抱持著期待感和幸福感。這些情緒也跟女兒性教育的核心——主體性緊密連結。

你們希望女兒對初經抱有什麼樣的態度呢？答案當然是肯定的態度吧！初經派對只是一個形式而已，重要的絕對是培養孩子對於初經的肯定。

女兒性教育19

站在女性健康的角度照顧身體

出現第二性徵就表示身體要開始變得不一樣了。因此，我們必須以全新的方式來照顧身體。

關於去婦產科檢查的必要性已經在第一章中說明過了。我們在這裡要探討的是尋找合適婦產科的方法。

其實這個方法並沒有什麼特別之處。過去認為婦產科是孕婦才會去的地方，如今社會氛圍和意識已經改變了，所以帶著青春期的孩子去婦產科也無妨。但即使如此對孩子來說，畢竟是第一次去婦產科，在帶去之前最好先做準備，建議父母可以先通過網路搜尋資料和評價。

我想要特別叮囑家長的是，不要特意跑很遠到評價高的婦產科就診，最好是

在居住的地區內先搜尋離家近的，讓孩子認為去婦產科並不是特別的行為，只是日常生活的一部分。

出現第二性特徵之後，除了健康是不可避免的主題外，還有一個也非常重要，那就是衛生棉。

在先進國家，除了一次性衛生棉之外，衛生棉條、月亮杯等也被廣泛地使用。大部分的女性通常使用的是一次性衛生棉。因為衛生棉條或月亮杯，必須要把東西塞進陰道內，自然會產生排斥感和不安感。

不過，現在很多女性開始懂得關心自己的身體，所以這種排斥感也減少了許多。特別是使用月亮杯的人逐漸變多了。月亮杯的優點是環保，同時還有各種大小和特色可供挑選。

而女性在購買衛生棉時，也越來越多人選擇環保材質的產品，也有人直接拒絕一次性衛生棉，而選擇使用布衛生棉。

為了避免產生誤解，我想申明，我不是要大家拒絕一次性衛生棉。只要使用的人覺得舒服滿意，不管用什麼產品都沒有問題。我只是希望孩子能去思考，自己適合哪種生理用品，在維持女性自我健康上，這是一定要做的。這也跟女性的主體性有關，只要用這樣的角度跟孩子們說明就可以了。

在這裡最重要的不是幫孩子找出適合的生理用品，而是給予孩子獨立思考的機會，我建議媽媽可以跟女兒分享彼此的生理經驗和使用各種生理用品的意見。

女兒性教育20

女兒也要了解男性的第二性特徵

過去在教育現場實施性教育時，會刻意將男女分開教育。並不是因為學校是男校或女校，即是男女混合的學校，也會將男女生帶開，在不同的教室進行性教育。也有許多學校是把男學生趕去運動場，只教導女學生。

姑且不提當時的性教育只是懷孕教育和貞潔教育，把女學生和男學生分開的作法，明顯就是有所限制的性教育。這麼一來，彼此間都無法了解異性的身體。

女性和男性在建立關係後，彼此間會共同生活。這裡說的「關係」包含了人際關係和性關係等所有相處。因此，女性和男性一定要了解對方才行。

所以不只要教導女兒女性的第二性特徵，也要詳細教導她們男性的第二性特徵。特別是男生也會因為出現第二性特徵感到慌亂，女生也必須了解這些事。

我實際進入校園後發現，許多女孩非常關心男生的身體和同齡的男性會經歷哪些變化。她們問了我很多問題，因為怕被誤會是「性開放的女孩」，所以不敢問別人也不敢問爸媽，只能問身為性教育講師的我。是呀！許多孩子對於向爸媽詢問與自己身體相關的問題時，已經感到夠尷尬的了，更別說是問關於男性身體的問題了。

爸爸，不，即使不是爸爸，身為男性扶養者如果能站在男性立場跟孩子說明男性第二性特徵的話，會有很好的效果。如果主要扶養者中沒有男性的話，也可以用「一起來想想看」的態度和孩子探討。女生對於男性第二性特徵的具體知識，和培養理解對方的態度是非常重要的，請家長牢記這點，並與孩子們進行對話。如果孩子有兄弟姊妹的話，一起進行性教育也很棒。家長要幫孩子打造輕鬆和諧，可以一起進行性教育的氣氛。

女兒性教育21

不論何時都禁止惡意攻擊

社會上有很多對於女性的惡意發言。如：「敗金女」、「剩女」等，還有針對女性外貌和年齡的惡意評價，如：「嘖，那個女的都不化妝」、「女生二十歲以後就沒人要了」等等的話。

這些惡意發言經常出現在社群網站上，因此我會特別注意，不要讓兒子受到影響。然而說出這些惡意評價的，不只是男性，也有許多女性像是沒什麼大不了似地，也對同性大肆抨擊。可能是因為生活在這種惡意發言泛濫的社會，自己也習慣了這種方式，在對其他女性說出惡評的同時，還會暗示「我跟她不一樣」，真的是非常令人難過。

最近更為嚴重的是，出現完全對立的社會氣氛。女性在反對被性別歧視的同時，也開始惡意批判男性。不只如此，對同性戀、身心障礙者、難民等其他少數族群也肆無忌憚地批評。

我親身經歷過社會對女性的差別待遇，我曾經長時間被男性施加肉體和精神的暴力。因此我完全理解那些女性為什麼會惡意批判男性，我相信她們之前可能經歷過什麼不為人知的辛苦。但是即使如此我還是要說，我們必須要小心使用言語，因為在網路上攻擊對方，完全無法解決問題，甚至還會讓問題惡化。

當我兒子從朋友們口中聽到惡意發言並受影響時，我會果斷地跟他說：「絕對不能這樣說。」我會跟孩子強調不論情況如何，都不能任意用言語攻擊女性或弱勢者。即使孩子無法馬上接受，我還是會跟孩子持續對話不會放棄。

等孩子上了大學後，自己開始學習性別意識，也對言語攻擊和暴力行為產生了質疑。所以，家長需要打造能溝通對話，並且讓孩子慢慢意識到問題的環境。

孩子到了青春期，被同儕錯誤影響後，可能會變本加厲惡意批評別人。所以家長一定要協助孩子掌握正確方向，當然家長自身也要小心不要犯了相同錯誤。

女兒性教育22

女兒也會有自慰行為嗎？

其實自慰行為並不需要學習，孩子天生就會觸摸自己的性器官。即使沒人特意教，不管是女兒還是兒子，從小的時候就知道如何自慰。

但我遇到很多家長問我：「女孩也會自慰嗎？」爸爸因為不了解女性身體可能不懂，但就連很多媽媽都不知道答案。因為媽媽們對於自己的身體也不了解，然而如果連自己身體都不了解了，那麼該如何正確地教導女兒性教育呢？

當家長發現孩子有自慰行為時，對兒子來說，重要的是要教導自慰的禮節，而對女兒來說，則要教導自慰方法。因為女性的性器官構造比男性更為複雜，外觀更不容易看到，所以自慰時，需要更注重衛生和健康。最重要的當然是要雙手洗乾淨才能做，至於方法有把手放在內褲外面上下摩擦、站著用蓮蓬頭的水沖，或是浴缸放滿水之後在水中做等。

聽婦產科醫生說，不少孩子在自慰過程中，因為把異物放入陰道後拿不出來，而來到醫院。他們可能是通過色情影片、黃色漫畫、卡通、各種網站中看到類似的場面而跟著做。因此，一定要告訴孩子正確的自慰方法。

接下來才是教導自慰的禮節。自慰當然也有禮節。例如，在只有自己的空間做、不看色情片是通過想像來做、要在心情好時做，心情差時不做。

家長在教導自慰禮節的時候有一個要領，那就是不要單方面說明。比起通過家長的嘴巴直接說明，最好跟孩子對話，引導孩子自己找答案。

自慰行為是在喜歡自己的前提下才有可能發生。如果討厭自己的話，不可能自慰，覺得自己的身體骯髒齷齪的話，也不會這麼做。因此，家長要幫忙孩子以肯定的態度看待自己的身體。

此外，自慰可以讓自己跟他人發生性關係時更加愉快。因為通過自慰可以發現身體哪個部分更為敏感，怎樣觸摸會讓自己感到心情愉悅。自慰對忠於自身慾望並可以表達出來的女性來說，可以說是一種對自我的性慾指導吧！自然地主體性也就會越來越高。因此，家長要用肯定的態度看待自慰。

女兒性教育23

若避免不了色情片，就培養孩子的判斷力

有兒子的家長會問：「我發現兒子在看色情片，怎麼辦？」但是有女兒的家長卻很少這麼說，我猜測可能他們認為「女生怎麼可能會看色情片。」

但是我們現在生活的社會，不論是女兒還是兒子都不可能不看色情片。網路如此發達，生活中怎麼可能不使用電腦和手機，即使孩子沒有主動想看，在網站查資料，或是透過同儕都會看到。認為女孩不會想看色情片是一種偏見。

現在的遊戲和漫畫許多煽情場面基本上跟色情片沒有兩樣。女性角色的裝扮也幾乎等於沒穿衣服，甚至還有女性和怪物發生性行為等變態內容。

如果孩子常常接觸這類資訊，女生對於性會產生扭曲的看法，嚴重的話可能會對性產生厭惡感。最糟糕的情況是，當自己受到性暴力的時候會認為「很多影

片都是這樣」，而沒有意識到這是錯誤的行為。

首先家長要先接受現在這種社會環境，是不可能阻礙孩子看見色情片的。那家長可以做什麼呢？一定要做的又是什麼呢？那就是培養孩子對於色情片的判斷力。也就是說，孩子即使看到色情片，也可以分辨出來哪些內容是錯誤的，把色情片看成某種媒體教育。

我們不能灌輸孩子自己時代的基準。例如：不要直接說「煽情的內容都是不好的」，而是要去看一下情節和脈絡，穿著暴露也不只是表面上的問題。如果家長在教導孩子性教育時，把性看得很嚴肅，那麼會使女兒更加注重貞潔和獻身，這就不符合當今時代的思想潮流。

如今許多廣告和節目傳遞錯誤的男女相處模式，和孩子一起看電視時，可以觀察劇情中如何處理愛和性。例如：男性單方面粗暴地要求親密關係，而女性誤以為這就是愛的表現？或是看到女性在沒必要暴露的情況下脫衣服……許多人只是單純看電視，沒有意識到這些都是問題，所以家長也需要留心。

當家長和孩子一起看電視的時候，可以這樣說：「妳看那個廣告。其實女生不會這麼做。這是為了賣產品才假裝那樣做的。」然後問孩子有什麼想法或感受，像這樣通過對話進行媒體教育就可以。我在教育孩子時，也會這樣，這種方式可以培養孩子的判斷能力和批判能力。學會這些能力的孩子，即使看到色情片也會知道那些並非真實，會根據自己的基準來作判斷。

女兒性教育24

當發現孩子在自慰或看色情影片時

爸媽發現孩子在自慰或看色情影片的情悦有很多種，最讓人難為情的就是當場抓包，也就是家長打開房門時，正好看到孩子正在自慰或看色情影片。

不管是對家長還是孩子，這都是讓人感到驚惶失措的事。家長壓根兒沒想過自己的女兒會自慰或看色情影片吧？突然看到真的會不知道該怎麼辦才好，但最感到難為情的應該是孩子，因此，首先一定要包容孩子。

在現場直接責問孩子：「妳在做什麼？」並不是好方法。

首先父母要離開現場，等事情結束後，盡可能在短時間內找孩子談談。絕對不可以假裝什麼事情也沒有發生，完全不找孩子談，或是等待孩子先開口。不管怎說，孩子很難主動先提，這時家長應該要主動才是。

為了順利跟孩子對話，家長最好先道歉：「我突然打開房門嚇到妳了，真的非常對不起，以後我會更小心。」這時候若孩子也道歉說：「我忘記關房門了，對不起。」或「我沒想到媽媽會進來。」家長可以稱讚孩子：「謝謝妳這樣說」、「妳已經長大了」等等。以表達對於孩子正在成長的認同。家長這樣說的話，可以解除雙方緊張的情緒，有助於接下來的對話。最重要的是家長要在對女性自慰行為沒有偏見的前提下跟孩子對話。

如果之前沒有跟孩子聊過自慰的話，可以好好利用這個機會。但不要用強迫性的指導方式要求孩子做這個做那個。可以先問是從什麼時候開始的呢？又有什麼感覺？認真地聽孩子的回答。最後才是教孩子有關自慰的禮節，即獨自一個人在房間做，不要邊看色情影片邊做，要用肯定的態度面對自己的慾望等。

遇到這樣的狀況，家長可能會感到慌亂而不知所措，但通過這個機會，說不定能跟孩子變得更親近。家長認同孩子這些害羞和難為情的經驗，孩子也會對爸媽產生信任和信賴。將來萬一遇到性暴力等困難的事情，孩子才會找爸媽商量，而不是獨自一人承受或做出極端的選擇。

女兒性教育25

當孩子展開初戀時

孩子在青春期之前當然也有可能會談戀愛，但是在進入青春期之後，真正的戀愛才剛開始，感情會比之前深刻，甚至有可能發生親密行為。關於青春期戀愛的親密關係會在下一篇討論，這篇我們先來聊「談戀愛」這件事。

家長們大多希望孩子在成人之前都不要談戀愛。特別是有女兒的家長，對於孩子的戀愛更為保守，會擔心孩子因為戀愛而沒有好好學習。

但是，事實上，戀愛已經成為青少年的日常。這句話的意思是，正在談戀愛的青少年非常多，走在路上不經意就會看到穿著校服手牽手的年輕情侶，我們的孩子可能是當中之一。

我不是學習專家，所以無法說戀愛和成績之間有什麼關聯。但是有一點，我可以很明確的說，**比起成績下降，更糟糕的是孩子瞞著家長談戀愛。**家長以讀書為由勸告孩子不要談戀愛的話，**孩子非但不會放棄戀愛，反而會想盡辦法不讓爸媽發現。孩子一定下定決心，無論如何都會那樣做，可是越是躲躲藏藏的戀愛，越有可能遇到問題。**

如果家長真的很擔心孩子的成績，那比起禁止談戀愛，還不如跟孩子好好談一談。當家長如實說出自己的擔心，孩子也會提出「電話不講那樣久」，或是「會一起去圖書館讀書」等方法。

我認為談戀愛是一種優勢，並不是單純因為「談戀愛很幸福」，而是因為戀愛也是一種人際關係，說不定可以成為檢討自己性別敏感度的契機。跟男朋友討論性別意識，自己也能夠成長，甚至發覺彼此意識中的偏見。

不過，在談戀愛過程中一不小心可能會走錯方向，朝向「我要更女性化，男生才會喜歡」的傳統性別意識。為了不讓孩子被影響，平時就需要訓練孩子的主體性。

另外，家長一定要注意的是約會暴力。有許多女性在戀愛中遭受各種約會暴力，就連青春期少女也不例外。威脅、恐嚇、性騷擾、跟蹤、非法攝影、數位犯罪、綁架、囚禁等都是約會暴力。嚴重的話，還會發展成性暴力，當然最惡劣是殺人。家長一定要如實地跟孩子講述這些，當然不是為了嚇孩子，而是跟孩子一起思考這些事情。（與約會暴力相關的問題，之後會在第五章中詳談。）

不管是哪種形式的戀愛，當孩子對初戀產生負面想法的時候，家長要協助孩子敞開心扉，把問題或困難說出來，為了打造這種環境，家長要成為孩子最值得信賴的戀愛教練。

女兒性教育26

當孩子跟交往的人發生親密行為時

有女兒的家長對孩子跟異性發生親密行為普遍來說都是驅向保守的。即使不會要求女兒在婚前不能有性行為，至少還是希望在成人之前盡可能控制住親密行為的尺度。

但是無條件地阻礙孩子發生親密行為並不是好方法，家長告訴孩子親密行為可以發展到哪個程度也一樣。因為即使家長阻止，或是規定界線了，孩子們就真的能乖乖聽爸媽的話嗎？

家長只要告訴孩子原則就可以了。親密關係的原則是，兩個人是在雙方協商後，彼此同意且對對方負責的前提下才能發生。

問題在於，有許多孩子是因為擔心對方會分手，而勉強同意發生親密行為，或是為了跟對方更親近而刻意這麼做。家長要幫忙孩子檢視，當自己不想讓對方碰觸身體時，可以清楚地說「不」嗎？當對方說「不」時，自己也會尊重對方的意願嗎？

我們也要幫孩子檢視，孩子的戀愛對象是用怎樣的態度來面對親密行為。這件事只要通過跟孩子對話就可以了解。我在這裡要強調，若家長通過對話跟孩子溝通，孩子也會通過溝通跟戀愛的對象分享關於親密行為的看法。如果孩子發出求救，或是覺得對方對於親密行為有暴力態度的話，家長一定要多加注意。約會暴力發生的可能性是極高的。

即使是充分受過主體性訓練的孩子，在進入戀愛關係後，也可能因為慌亂焦急而做出錯誤判斷。家長要觀察孩子是否有出現違背原則的行為，當然也要注意孩子是不是也要對方那樣做。

當然最好的方法是孩子自己主動跟爸媽說出一切。如果家長對孩子談戀愛沒有偏見，那麼孩子就比較容易主動跟父母談關於戀愛的事。**這時候家長可以問孩子：「妳跟那個朋友發生身體接觸時，有感到不舒服嗎？」或「妳要接近他的時候，他有說過『不』嗎？聽到這句話時，妳怎麼做？」通過這樣的對話跟孩子一**

起調整戀愛方向。

我常常跟孩子強調，心比任何東西都重要。不論是女生還是男生，親密行為是表達心意的一種方式，因此一定要發自內心才行。要好好觀察自己的想法，是真心喜歡對方才想要發生親密行為嗎？還是單純因為好奇心？我還會跟孩子強調，千萬不要因為害怕對方討厭自己而勉強發生。

如果只是好奇心的話，可能會在不知不覺中受到對方影響。但是如果真正喜歡對方，就要尊重彼此的心。

女兒性教育27

當在孩子的衣服口袋中發現避孕藥或保險套時

如果在網路上搜尋「青少年避孕藥」的話，你會看到孩子的各種苦惱。「我是青少年，我想買避孕藥，我想知道要去哪裡買？」等滿滿都是有關從避孕藥到保險套的問題。孩子們比家長預想的更快進入性的世界。

如果在孩子的衣服口袋中發現避孕藥或保險套時，該怎麼辦呢？此時家長一定會感到很慌亂吧！但光是嚷嚷著：「天呀，這該怎麼辦？」並無法解決問題。因為如果孩子下定決定要做的話，家長是不可能阻礙孩子的。

不要因為孩子的衣服口袋中有避孕藥或保險套就去質問孩子，也不需要去猜測「她是跟誰發生性關係了？」當然孩子可能真的已經發生了性關係，但也可能只是因為好奇而準備著。不要輕率地逼問孩子，只需要跟孩子對話，我再次強調，對話真的很重要。

如果是已經充分避孕並了解避孕知識的孩子，家長一定要給予稱讚，因為孩子有好好實行學到的知識。

這時候家長跟處理色情影片的原則相同，不是想方設法阻礙孩子去做，而是培養孩子的判斷力。家長可以問孩子怎麼拿到避孕藥或保險套？是不是有交往的對象？根據孩子的回答再來應對。如果孩子有正在交往的對象，那要孩子想一想發生親密行為時是否雙方都同意，有沒有被勉強。

發現孩子有避孕藥或保險套之後，千萬不要認為兒子沒關係，女兒的話就慘了。確實有許多家長對兒子的性很包容，但對女兒卻極為嚴格。不管是兒子還是女兒，原則永遠都一樣。

萬一家長從來沒跟孩子聊過避孕，就發現孩子有避孕藥或保險套，也不要太慌亂，只要從現在開始給予正確教育就可以了。孩子有可能在家長錯過的時期，通過其他管道學到錯誤的知識。所以家長不要過於激動，慢慢地跟孩子對話，就可以找到解決方法。

女兒性教育28

在避孕教育中教導計劃做愛

現代的孩子們，初吻大多發生在幾歲發生呢？孩子們第一次發生性經驗，平均又是在幾歲呢？根據「二〇一九大專院校性愛態度與習慣問卷調查」發現一半以上的大學生，都已有過性經驗，而未成年學生平均每十人就有四人發生過親密行為。雖然很多家長都會被這個數據嚇到，但這就是現代孩子們的真實情況。

教導孩子無條件壓抑慾望的性教育已經沒有意義了。在「可以發生性關係」的前提之下，讓孩子學會建立安全且負責的性關係，對他們才有實際幫助。其實孩子提出的問題，許多都是假設的問題，是預想發生性關係時，可能會擔心的事。例如：「事後才吃避孕藥有用嗎？」「口交的話，會得性病嗎？」「我討厭使用保險套，該怎麼辦呢？」

家長必須先教導孩子對性關係要有負責任的態度，其次才是具體避孕的方法，如何使用保險套，也必須讓孩子知道。這裡最重要的一點是，至少第一次性經驗必須是在規劃中發生的，我們也可以稱之為「有計畫的性行為」。

情侶們總是有許多紀念日。不只要過百日紀念，週年記念、還有西洋情人節和白色情人節。在這些節目到來之前，不是都會先計劃當天要安排什麼活動嗎？跟過節一樣，做愛也要先計劃好，當然前提是必須彼此同意。

事先針對第一次的性關係進行對話，就像在談話一樣，自然地聊到時間、場所，還有那天要準備什麼。經過這樣的對話，會讓彼此對性關係更加有責任感。還可以一一確定彼此想要什麼或不想要什麼，同時也可以充分做好心理準備。

許多情侶的第一次性經驗都是在意外下發生的，也就是說彼此還沒談過，突然看對方的臉色在陌生的場所沒有準備之下就發生了。家長一定要清楚地告訴孩子，這種方式是絕對不行的。有計畫的性行為，真的很重要。

這麼做會讓孩子對於性行為這件事更加慎重。通過和對方一一確認想法後，可以更加謹慎地思考他是不是適合跟自己發生關係的人，以及彼此是否能充分享受。同時，計劃做愛也是件浪漫的事，就像準備旅行的過程總是比實際旅行時更

讓人興奮。

千萬不要讓第一次的性行為變成突發的事件，而是兩個人慎重且期待準備的活動。越是重要的事情，越要提前準備，這不是理所當然的事情嗎？

女兒性教育29

和女兒之間產生世代差異怎麼辦？

我在第一章中提過，女兒的性主體權有低、中、高三種階段，特別能看出高低差距的時期就是青春期。

一般來說，家長主體權很高的話，通常女兒的主體權也會很高，反之亦然，但也有不同的狀況。

孩子們到了青春期之後，許多家長應該都會感覺到孩子再也不是過去抱在懷裡的那個幼兒了。這個時期的他們，比起家人，更常受到同齡朋友或網站的影響。孩子通過這些也會培養自己的意識。

因此，家長往往沒有發現女兒已經通過自我學習提高了主體意識。我們可以說，這是性教育的模式在變化和性別意識問題擴散過程中產生的世代差距。問題在於這些世代的差距往往演變成世代衝突。

許多家長和孩子來找我諮詢，正是因為衝突太過嚴重。家長始終相信自己的女兒很單純，看到女兒變化這麼大，感覺很恐慌。因此，家長希望女兒能變回之前那個善良純真的孩子。但站在女兒的立場，只覺得爸媽古板頑固，完全跟不上時代，她們希望爸媽可以認同自己。

家長根據過去時代的基準來規範孩子的話，那麼衝突就不可能解決。我們必須站在孩子的角度去看世界，也就是說家長要跟得上時代的變化，把和女兒的衝突作為契機，重新接受性教育。

許多女兒們會自己找尋 Me Too 運動等相關的性別意識書籍和演講來看。家長要對這樣的女兒感到驕傲，因為在爸媽沒有關心自己性教育的時候，女兒努力去提高自己的主體權，這是件很棒的事。跟上女兒的變化，請爸媽也一起學習性別意識。

如今是兩性平等的時代了，我相信正在閱讀這本書的家長，必定願意開始理解自己的孩子，我在此給你們大大的掌聲。

第四章

關於性，青春期女孩最想知道的問題

——青春期女孩的 21 個疑問

我希望爸媽們通過閱讀青春期女孩們提出的問題，
以及我的回答來瞭解這個時期的孩子。
家長們不要把我的回答當成是標準答案，
而是視為一種指導原則，
希望這些內容可以幫忙你們思考適合自己孩子的答案。

女兒性教育30

當青春期的孩子發問時

我在擔任性教育講師時，遇到許多青春期的孩子，跟他們聊了很多事。說當時的孩子們，特別是女孩，對我提出那些坦率且尖銳的問題，成就了現在的我也不為過。因為我在思考如何恰當回答那些問題的過程中成長了許多。

在這章中，我收集了過去青春期女孩們問過的代表性問題，這些也是正處於青春期的她們對於性最想知道的內容。

我會這麼做是因為這時期的孩子們，對性有自己的想法，她們會想知道更具體，甚至是更敏感的內容，但是因為無法問父母，於是大多數孩子是通過朋友或網路來瞭解相關資訊。因為我是性教育老師，所以她們能夠自然的對我提出這些問題。

其實我很希望，孩子們與其開口問別人，更願意問爸媽。當然並不是要求孩子們突然開始跟爸媽聊性話題，而是家長要從孩子還小的時候，就要創造孩子願意主動分享想法和日常生活的家庭氣氛。人類從誕生那一刻起就存在著性別，孩子們當然也要意識到這件事。

接下來，希望爸媽們通過閱讀這些青春期少女提出的問題，以及我的回答來瞭解這個時代的孩子。同時，我希望爸媽們不要把我的回答當作標準答案，而是視為一種指導原則，希望這些內容可以幫助父母思考適合自己孩子的答案。

女兒性教育31

該不該克制性幻想？

孩子會提出這個問題，表示她對於性幻想產生了罪惡感。可是如果進一步詢問性幻想的具體內容是什麼的話，就會發現每個孩子都有認知上的偏差。即使是同齡的孩子，對性關係或主體權了解的程度不同，想法也不同。

如果是對性驅向保守且性主體意識較低的孩子，即使產生一點點性幻想也會厭惡自己。在提倡禁欲的教徒身上也會看見這樣的情況，這些孩子會主動壓抑性。然而當我聽到他們陳述的具體內容後，才知道那並不是什麼特別的性幻想。可能只是喜歡某個偶像團體，而幻想跟偶像有親密碰觸。

如果是這種情況，我會讓孩子們安心。因為不論男女，不論年齡大小，對性產生好奇心都是非常自然的，所以這並沒有什麼問題。也就是說不需要因為有這

樣的性幻想而感到罪惡。

不過相對的，也有些孩子的性幻想，是身為成人的我聽到後，也認為絕對不能有的。例如：看過從男性視角，用暴力施虐女性的色情影片、漫畫、遊戲後，開始幻想這種性關係。他們誤以為男性這樣做，女性會喜歡。這種誤會深化之後，未來即使遭遇約會性暴力也無法意識到那是錯的。

我不會馬上跟孩子說：「這是不好的，絕對不能這樣幻想。」我會通過提問和回答的方式引導孩子自己做判斷。孩子們因為這些想像而感到不安，就表示他們已經意識到這些是暴力、施虐的行為。而且孩子們會這麼問，其實就已經具有「想要克制」的意思了。

因此我會詢問她們：「為什麼妳想要克制那些想像呢？」大多數人會回答：「我太骯髒了。」我會繼續問：「妳有試著克制過嗎？」「妳有試過哪些克制的方法呢？」「是不是有朋友常常慫恿妳？」像這樣孩子們通過問題，就會自己找到答案。

女兒性教育32

多談戀愛是好事嗎？

每個人的價值觀不同，所以我會跟孩子們說，戀愛談多談少並不重要。不用在意戀愛的次數，重要的是要通過談戀愛使自己成長。

我們要談的是，不會使自己痛苦的戀愛。一**般人都認為談戀愛時會感到痛苦是理所當然的，但我認為即使會痛苦，也應該是自己可以承受的程度。**這並不是說在談戀愛時，只考慮自己或是無視對方。只是若戀愛的痛苦，已經超過自己能夠承受的程度，就表示這不是一個讓自己成長的戀愛，而是破壞自己的戀愛。

不過也無須因為害怕，在談戀愛之前就想太多，甚至放棄戀愛。因為戀情在發展的過程中也是會改變的。即使一開始看起來沒有很好，但是通過兩個人的努力，也可以變成彼此成長的關係，這就是戀愛的魔力。

要談一段讓自己成長的戀愛並不容易。因此，雙方能否溝通很重要，透過溝通可以隨時確認雙方在戀情中的狀態，是否為了更美好的戀情努力、未來的方向等等。

女孩們平時認為自己已充分具備主體權，等到戀愛後就會發現依然有很多地方不足。跟性別敏感度低的對象在一起容易吵架，或是想要試圖說服對方。通過這些事情可以提高自己的性別意識，同時也會了解原來自己對於男性並不是那麼了解。

此時，我會推薦孩子製作「戀愛成績單」。考試考完後，不是都會有一張各科的成績單嗎？就像這樣，製作一張屬於自己的戀愛成績單。題目可以自己訂，例如：多久見面一次、聊多少話、對方有沒有傾聽自己的苦惱等。一年有十二個月，我覺得可以兩個月打一次分數，也就是一年評分六次，當然成績一定有高有低。分數可以很主觀地打，以「多久見一次面」這個題目為例，如果答案是「每天見面，但是每次只見十分鐘。」當自己感覺不滿意的時候，滿分一百分，可以只打十分。

戀愛成績單最重要的不是記錄自己談了多少戀愛，也不是用來評判戀愛對象的表現。如同考試成績單是為了顯示學生現在的學習能力處於哪個階段，戀愛成績單是用來判斷「現在我正在談怎樣的戀愛」、「我真的在談一個好的戀愛嗎」。也可以讓自己更了解「我在戀愛中注重這個，但是對方比較重視那個」，然後比較雙方的興趣和態度後再加以調整。

我推薦孩子們製作戀愛成績單時，孩子們都相當感興趣。他們通過自己定的題目並打分數後，就能判斷出現在談的戀愛，能不能使自己成長。同時也可以檢視：「啊，我是因為這樣才常常分手，我要改變這個習慣才行。」

還沒有展開戀情的孩子，也可以用朋友代替。有些孩子談過許多戀愛，有些則完全沒有戀愛經驗，也有不想談感情，單純想要擁有性關係的。這些孩子也能用朋友關係來製作成績單，通過這個過程，孩子能更具體了解自己想要的戀情。

戀愛成績單

名字：李英熙　　年齡：29 歲

	1 學期	2 學期	總分	比較
前男友 A（約 1 年）	分數 90 分 理由： 外表英俊，性格合得來。兩人都是活潑的性格，在一起的時候玩得很開心。	分數 40 分 理由： 平時非常熱情，但是一喝了酒就失去聯絡……	分數 60 分 理由： 一週可能喝 4~5 次酒，沒有喝酒的話，該有多好……	類型： 個子高，長得帥。平時表現得很紳士，但是一喝了酒就會變成另一個人。 職業：大學生 出席率 （上 / ㊥ / 下）
前男友 B（約 6 個月）	分數 80 分 理由： 跟 A 分手後，在我很痛苦時常常照顧我。說自己從兩年前就開始喜歡我了。	分數 0 分 理由： 出社會後，劈腿同期的實習生。	分數 0 分 理由： 壞蛋！	類型： 外表看起來是乖乖牌模範生，但人品超差。不想再看到他。 職業：大企業職員 出席率 （上 / 中 / ㊦）
前男友 C（約 2 年）	分數 40 分 理由： 性格呆板，網路聊天時回答也很簡短。因此，第一印象並不好。	分數 90 分 理由： 懂得尊重長輩，相處越久越覺得是個好人。因為太害羞，所以不擅長表達。	分數 80 分 理由： 因為外派去國外而分手。到現在還是忘不了。（淚）	類型： 個子雖然不高，但是體格健壯。聲音非常好聽。刀子嘴豆腐心。 職業：廣告企劃 出席率 （上 / ㊥ / 下）

女兒性教育33

什麼時候發生第一次最合適？

性關係並不是像投票那樣有年齡規定，年齡到了就可以發生性關係。**我所認為的標準是，當自身已充分擁有性主體權時才可以。我現在處於怎樣的情況？是否已經充分準備好了？跟對方的關係又是如何等都要考慮。性關係並不是單一方面的事情，必須在兩個人都符合這個基準之後，彼此同意才能發生。**

當然也不是說同意之後，就可以說「好，那我們開始來做愛吧！」而是必須提前協調和準備，這時候雙方要準備的事情是很多的。

首先，要準備場所和時間。挑選兩個人可以安全渡過那段時光的地方。因此，最好事先決定「D-Day」。

孩子們對於第一次性關係會抱持夢幻般的期待。例如：在飯店房間內點上蠟燭或是一定要穿某個品牌的內衣等。如果有這些期待的話，兩人就要一起努力去實現。一起準備這些事情的過程，會讓第一次更加浪漫和享受。

接下來就是準備避孕了。瞭解避孕的方法是理所當然的，最好也知道一下萬一懷孕的話要怎樣處理。

當兩個人一起把以上事情準備好的時候，我認為就可以發生性關係了。聽到我這麼說，許多孩子馬上嘆氣說：「啊，那要到什麼時候才可以做呢？好像永遠做不了。」性關係並不是到了特定年齡就可以馬上做的事，需要許多事前的準備，如果沒有做好這些準備，那即使是成人也不應該發生性關係。

因此面對嘟著嘴巴的孩子們，我這樣回答：「並不是越早做就越好。如果還沒準備好，晚點做也不錯。如果想要早點做，那就要努力學習有關性的知識。」我想再次強調，性是有計劃、有準備、有責任的自主行動。

女兒性教育34

第一次發生性關係時會流血嗎？

這個問題孩子想問的其實是「處女膜」。長久以來，女性被強迫要求在婚前不能跟男性發生性關係。因為沒有被損壞的「處女」，可以視為獻給男性的禮物。萬一受損的話，就會被視為玷汙了家族名譽。

如今這樣的文化跟以前相比已經減少許多了。但年輕男性們背地裡還是希望自己的女朋友、太太是處女，或至少可以確認是不是處女，甚至連十幾歲的少男也有這種想法。於是許多女孩們在意識到這一點之後，就會特別在意自己發生第一次性關係時有沒有流血。

但是，所謂的處女膜嚴格來說是錯誤的用語。首先「膜」這個字就會讓人產生極大的誤會，因為它讓人聯想到好像陰道內側有一片薄薄的膜。如果真的如此，那月經又要如何從陰道流出來呢？月經如果無法流出來，會對身體產生不好的影響，因此這種膜本身是不存在的。

人的身體是有肌肉的，位於陰道的肌肉就叫做陰道肌肉。陰道肌肉平時是緊實的狀態，一般來說在三個情況下會放鬆張開。第一，月經來的時候；第二，生產時；第三，發生性關係的時候。當然也不是一開始要發生性關係陰道就會張開，而是通過撫摸讓陰道產生分泌液，陰道變得柔軟後才會張開。

那麼我們認為衝破處女膜，或處女膜破裂後所流出來的血到底是什麼？那是在發生性關係的過程陰道受傷後流的血，也就是說原因是錯誤的插入。女性在初次性經驗時因為生疏，同時對方可能也懵懵懂懂，因而造成。

因此，通過有沒有流血來判斷女生是否是初次性行為不可能的。第一次發生性關係時完全沒有流血，或幾天之後才流，或是下次發生性關係時才見血等各種情況都有。

我提議要換掉處女膜這個詞，我認為比較適當的表達是「陰道紋」，意思就是陰道內的皺紋。生活中的語詞並不是固定的，可以隨著時代改變。我希望像這樣改變了詞彙後，那些因不同的性尺度對女性所造成的傷害，也可以被修正。

女兒性教育35

第一次發生性關係時會痛嗎？

雖然現在青少年有性經驗的比率越來越高，但也有很多孩子是沒有發生過性關係的，他們對於性行為後的感覺極為好奇，這也是非常自然的現象。不過有個問題很少男生會問，但女孩卻經常問，那就是「發生第一次時會痛嗎？」

孩子們會問這樣的問題，有好幾個理由。有可能是對陰道紋（處女膜）的誤會，也可能是聽到有過性經驗的朋友說：「我第一次的時候非常痛。」或是通過書或漫畫看到女性發生第一次性經驗時感到很痛苦。

在發生性關係的時候，如果女性會感覺到痛，那是因為陰道還沒有完全張開時，男性的性器官就想要強行插入。而陰道會沒有完全張開，是因為前戲不夠，女性的性器官還沒有感到興奮。

第一次發生性關係時彼此難免生疏。因此，可能因為前戲不夠或身體過於緊張，讓陰道無法完全張開才會痛。

我想再次強調，第一次性行為時會痛並不是理所當然的。因此，不需要忍著痛強迫完成，不需要著急，多花點時間來嘗試，放棄一定要做到插入性交這個想法，會更有幫助。不執著於插入性交，把注意力放在自己的身體和對方的身體上，反而更能享受性關係。

「做愛是愉快的嗎？」乍看之下，好像跟標題是完全相反的問題，但是從對性關係的好奇心和誤會來看，這二個問題是類似的。

性關係在瞭解自己身體的前提下，跟對方配合得好時就能感到愉快，如果配合得不好，會覺得不怎樣，甚至會感到痛苦。特別是女性並不是因為男性生殖器插入才感到愉悅，某些電影會拍攝女性在一開始發生性關係或一插入時就非常愉悅，其實並非如此。所以，在第一次性關係發生時，要很享受並不容易。

因此，我會跟孩子們說「性關係也是需要努力的」。我希望孩子們瞭解所謂的性關係並非一個人的幸福，而是一起幸福的事。

女兒性教育36

男朋友一直要求親熱怎麼辦？

如果自己本身也想跟對方親熱，自然就不會有這個苦惱。因為自己不想那樣做，但對方提出了親熱的要求，所以才有這個問題吧！因此這個問題還包含了「要怎樣拒絕比較好？」或是「要怎樣做才能夠拒絕呢？」

其實問題很單純，只要說：「我不想和你親熱。」就可以了。但是提出這個問題的孩子，就是因為無法這樣果斷地說出來才會感到痛苦。一方面擔心自己拒絕之後，對方心裡會受傷；另一方面是認為自己好像無緣無故拒絕對方合理的要求，而感到困惑。

我被孩子問這個問題時，會讓他們認真思考自己想不想這麼做，以及交往的人提出親熱要求時，自己的心情如何。接下來，我會請孩子坦率地跟對方說，也

就是說，先確定好自己想要什麼之後，再明確地告知對方。

這樣的話，就會出現下一個問題，「我表示拒絕之後，他還是繼續要求的話，該怎麼辦呢？」這時候我會果斷地回答：「分手。」因為這表示他並沒有認真看待兩人關係，也沒有尊重對方，只是想要親熱而已，繼續跟這種人交往沒有好處。

當然聽我這樣說後，會不會因此就跟交往的人分手是孩子的選擇，實際上多數孩子是無法就這樣提出分手的。因為會提出這個問題，代表這個孩子在性主體權方面還處於低階段，他們現在最需要的是提高主體權的練習。

還有一種情況是：「我跟男朋友在一起，有時他會突然很驚慌，我稍微往下看一眼，發現他的褲子都鼓起來了。」這真的是會讓兩人都感到尷尬的情況。其實，沒有性慾的時候，男性也可能會勃起。當然在兩人沒有親熱，只是單純在一起時，也可能因為性興奮發生勃起。

孩子們對勃起認知不夠的話，發現男朋友勃起時，就會產生負面想法，誤會男朋友是不是有什麼不好的意圖。為了避免誤會，男朋友如果能夠堂堂正正地跟女朋友說明的話，自然是最好的，但是女孩也必須知道男性身體的相關知識。

會產生問題的是，有些男孩會把勃起當作要求親熱的武器。「我現在勃起了，妳一定要幫助我射精。如果不能射精，我會生病的，妳要幫我。」他們說出這類謊言對女朋友施加壓力，在這種情況下要求性行為就是明顯的性暴力。

如果是主體性不夠堅定的女孩，遇到這種情況，就會因男朋友的臉色動搖。因為害怕如果自己不願意滿足對方的要求，對方會討厭自己，於是在猶豫不決後發生了自己不想要的性關係。但是性關係必須是自己想做才能發生的事。

其實當男朋友說出這種話時，如果女生再多思考一下，就會知道這是多麼不合理的要求。勃起只要他本人好好處理就行，根本不需要女朋友來配合處理。我們是自己身體的主人，千萬不要變成別人身體的奴隸。

女兒性教育37

男朋友控制慾太強怎麼辦？

兩人交往中，常常會想知道對方在哪裡，有時也會產生嫉妒的心情，那都是很自然的事。但如果這些行為讓另一方感到痛苦的話，就算是約會暴力了。

當孩子提出這個問題時，做父母的要感到慶幸。這表示孩子已經意識到對方有問題，並希望得到父母幫忙。這個孩子的性主體權至少是中等程度以上，若是主體權低的孩子，根本不會發現這是有問題的，甚至反而誤認為對方這種嚴重的控制慾，是喜歡自己的證據，是愛的表達，這樣的孩子反而更加危險。

因此，我會先稱讚提出這個問題的孩子，撫慰一下孩子，跟她說遭遇約會暴力時，懂得跟周圍的人請求幫忙是最重要的，妳會這樣做真的很厲害。

接下來，就要跟孩子說明具體應對的方法。為了做好防範，最好可以留下對方怎樣控制自己的記錄。可以寫日記，錄音也是一個方法。在錄音時，如果只偷偷錄下對方的聲音是違法的，但如果同時也錄到自己聲音的話，就是合法錄音。

還有只有兩個人單獨在一起時，要盡可能避免爭吵，如果知道可能會爭吵的話，要選擇公開的場所，也就是萬一發生什麼意外時，可以跟周圍求助的場所是最安全的。特別是要談分手的時候，最好選擇類似咖啡廳這種人多的地方。

在這樣做的過程中，孩子們自己就會覺醒。他們會發現繼續談這種戀愛，對自己沒有任何幫助，分手才是更好的選擇。

對方控制得太過分時，一定要告訴爸媽或學校，也可以去警局報案。當大人們收到孩子的求救後，絕對不能認為「這是談戀愛可能發生的事」而沒有行動。

女兒性教育38

有什麼方法能讓胸部變大？

雖然這個問題是「如何讓胸部變大」，但是類似的問題，根據身體不同部位有各種版本。例如，如何讓皮膚變得更好？想要腿變長的話，該怎樣做呢？有打造V線條的祕訣嗎？

這類問題根據身體部位的不同，答案也有所不同。有些可以服用藥物，有些可以擦保養品，有些可以靠整型，有些是時間到了，自然可以解決，有些則是再怎麼做都不可能改變。

但這些回答，都無法解決孩子的根本問題，因為會讓孩子提出這種問題的根源，不是某部位長得不好看，而是孩子的主體權很低。如果這個孩子通過某個方法成功讓胸部變大了，結果會怎樣呢？她只會得到一時滿足而已，不久之後，孩子又會因為對其他身體部位感到不滿，然後再次提出類似的問題。

主體權高的孩子會珍惜和喜歡身體原本的樣子。不會因為他人的視線想要改變自己的身體。當別人對她說：「妳該減肥了」或「妳如果做了雙眼皮手術後，應該會更好看」時，主體權高的孩子會堂堂正正地說：「是嗎？我覺得我的身材很好。」

我常常感謝自己的身體。通常會在洗澡的時候，專注在身體上，並跟它們說話。洗腿的時候，我會說：「腿呀，今天你支撐了我的身體，走了那麼遠的路，一定很累吧？即使如此，你還是平安地走到家，真的辛苦你了。」洗頭時，我會說：「頭呀，謝謝你努力工作，托你的福，演講才能順利完成。」像這樣把注意力放在身體上，並思考為了自己的身體，必須要做什麼事情。通過這樣的思考，我領悟到我的職業是講師，必須四處工作，我應該多照顧辛苦的雙腳，所以我會穿著舒適的鞋子。

我也建議孩子們這樣做。因為這個練習不只會讓孩子愛上自己的身體，也會提高孩子的主體權。

女兒性教育39

除了衛生棉，可以使用衛生棉條或月亮杯嗎？

「我發現經血的顏色是褐色，我是不是生病了？」當孩子問我這個問題時，我發覺還是有很多孩子並不認識自己的身體。相反的，有些孩子比起以前的我們具備了更多知識，會問衛生棉條或月亮杯的，就是這樣的孩子。

這些孩子可能是通過性教育課程知道衛生棉條或月亮杯，並對之產生興趣，也有透過網路瞭解資訊的。雖然跟衛生棉相比，很難說衛生棉條和月亮杯也大眾化了，但是最近確實也有很多相關資訊被廣泛傳播。

孩子會提出這個問題，表示她們對這些產品感興趣，只是內心依然感到害怕，甚至產生抗拒感。所以想通過專家，再次確認這些產品是否真的可以使用。

會讓孩子們產生恐懼和抗拒，是因為衛生棉條和月亮杯使用時必須要放進陰道裡。孩子們還沒發生過性經驗，擔心把產品放在陰道內會不會對陰道紋（處女膜）有影響。

因此，我會先對提出這個問題的孩子，說明有關處女膜的相關知識。我會跟她們說所謂的處女膜其實就是陰道皺摺，處女膜這個詞彙會讓人引起誤會。我會讓孩子們安心，對他們說不論是衛生棉條還是月亮杯都可以放入陰道內，不需要為此擔心。

但我也不會說比起衛生棉，最好使用衛生棉條或月亮杯。當然，我個人使用後，若覺得好，也會推薦給身旁的人。但身為性教育講師，我必須要說的是原則。**原則就是自己找出適合自身的商品，只要在這個過程中注意不要有偏見或產生恐懼就可以了。**

女兒性教育40

經血是褐色的是不是生病了？

對初經才來不久的孩子來說，月經絕對是害羞和稀奇的事情。就算事前已經受過性教育，了解月經相關知識的孩子也一樣，甚至舉辦過月經派對，對月經抱持肯定想法的孩子來說亦然。

在成人女性看來，這是相當熟悉且習以為常的事，然而對孩子們來說，仍然是新奇的。不管怎麼說，月經是發生在身體上的某個現象，孩子們比起好奇會更害怕「我的身體是不是哪裡有問題？」

「經血是褐色的？這樣正常嗎？」「身體是不是出問題了？」這些都是孩子們常提出的月經相關問題。不只是褐色，也有孩子們用黑色或巧克力色來表達。當我聽到這類問題時，會思考我現在做的性教育，是不是應該更具體一些。有關月經，現在大多只是教孩子「會流血」，但很少人會告知孩子月經的顏色。

月經排出身體的時候，會和氧結合，血液中的鐵質成分就會氧化。因此，血會變成褐色。隨著時間過去，顏色會慢慢變深。這種現象不只是月經會這樣，所有血液都是如此。

經血出現褐色，就是血液在陰道內部累積時氧化所造成。月經剛來，或快結束的時候，也會這樣不需要擔心。

也有可能整個經期的血色都是褐色的，即使如此也不需要覺得這很嚴重。可能只是暫時身體狀態沒有很好，或是壓力造成，好好休息，重新找回生活的安定感之後，這些症狀就會緩和。

不過，如果持續好個月都是這種情況的話，最好去婦產科做檢查。子宮內膜炎、子宮頸癌等子宮疾病也有可能造成褐色月經，只要簡單做個超音波就可以找到原因。

女兒性教育41

私密處不舒服一定要去看婦產科嗎？

婦產科的重要性，我已經強調過好幾次。即使跟過去相比，社會已經進步很多了，但在社會中，未婚女性，特別是十幾歲的女孩對於去婦產科心裡還是會感到抗拒。

有些孩子明明不舒服到必須就醫了，卻還是獨自一人忍受痛苦和苦惱。沒有發生過性關係的怕被誤會，發生過性關係的怕被責備。不管有沒有發生過性行為，孩子對於到婦產科就醫，都感到害怕。

性器官會感到疼痛，有可能是性病引起，或其他原因造成。即使原因是性病，也不一定是因為性行為染病，如果沒注意到衛生，也是可能通過浴缸、化妝室、床上用具等染上性病。重要的不是有沒有發生過性關係，而是有沒有受到正確的治療。

因此，當孩子們提出這個問題時，首先要讓孩子安心並立刻帶著她們去婦產科就診。因為在孩子獨自一人苦惱時，病情可能已經越來越嚴重了，一定要儘可能快點就診。

要看女醫生還是男醫生呢？孩子們可能連這也會煩惱。有部美國電視劇，其中有個情節讓我印象很深，但因為時間太久，我已經想不起片名。那是位單親媽媽陪十幾歲的女兒第一次去婦產科接受治療。女兒並不是因為不舒服才去，只是一般婦科健康檢查而已。雖然是位男醫生，但是不管是媽媽還是女兒都不介意。不過劇中的媽媽後來跟醫生發展出戀情。於是，女兒恭喜媽媽的同時，表示自己以後會再去找其他婦產科醫生，也就是說她不想讓媽媽的男朋友對自己進行婦科治療。看到這個情節，我發現他們根本不在意婦產科醫生是男生，而且就連十幾歲的孩子對於看婦產科也感到很自然，我為此深深感到羨慕。

我並不是說一定要去找男醫生，若孩子感到害羞且猶豫不決的話，找女醫生也是可以的。最重要的是孩子們願意接受婦產科治療，減少對婦產科的抗拒感。

女兒性教育42

我的性器官怪怪的怎麼辦？

就像世界上沒有長得完全一樣的人，每個人的性器官，也會有些不同。不論是女性還是男性都是如此。幾乎沒有模樣不正常到需要動手術的性器官，即使真的有，也是極為少數。

不過孩子會提出這個問題，表示他覺得自己的性器官有什麼地方怪怪的。女性因為身體構造的關係，不容易觀察到自己的性器官。身體必須傾斜，還要利用鏡子才能仔細觀察。如果這個姿勢讓人感到不舒服的話，也可以把腳跨在椅子或浴缸上。

平時沒有習慣觀察，突然看到自己的性器官，必定會感到不自然，若再跟找到的圖片相比較，發現自己哪裡比較大或是某一邊比較長的話，心裡自然會感到不安。

也有可能是看到色情影片中女演員的性器官和自己不同，或是跟男朋友愛愛時被嘲笑等等，這些事都有可能讓孩子認為自己的身體有問題。首先，我想跟孩子們說，如果有人這樣說你的話，我認為他們都不是好人。還有，色情影片中女演員的性器官並不是標準。

或許有孩子會因為性器官的模樣，而擔心在發生性關係時會造成問題。但事實上，男性的性器官各不相同，女性的性器官也因人而異，所以並不存在能夠適合所有男性的理想性器官。兩人的性器官很難一開始就很適合，必須通過溝通慢慢協調。

觀察自己的性器官對於訓練女性的主體權非常重要。因此，當我給青春期孩子們進行性教育時常常提到一個方法，就是畫出自己的性器官。因為要畫出來，所以不得不仔細觀察，在這個過程中會產生肯定和珍惜自己身體的想法。

女兒性教育43

我的性癖好跟別人不同，是不是不正常？

不知道大家有沒有被這個問題嚇到？就像我之前說過的，青春期的孩子們身體發育非常明顯，自然也有可能會提出這個問題。

當我被這樣問之後，我會反問孩子他們的性癖好是什麼。孩子們分享的性癖好非常多樣。有的喜歡穿著特定衣服被撫摸；有的必須搭配某些音樂和照明才會感到興奮；有的除了性器官之外，也會迷戀其他特定部位。

擁有這些性癖好當然沒有問題，癖好有多特別都可以。但問題會產生在跟對方發生性關係時，如果對方能接受或是也正好有相同癖好的話自然不成問題，但是如果對方不同意的話，就必須放棄或是找尋其他擁有相同癖好的人交往。

當然，自己成為被要求的對象時也一樣，不需要因為對方有特別的癖好就說對方是變態，如果自己不願意的話，只要拒絕就好。本身不同意，但是對方還是常常提出要求的話，就要好好思考，自己能接受對方的性癖好到哪個程度。

我想強調的是，如果有充分地思考性關係的話，那在發生性關係之前，就要事先彼此協調，這個溝通我用「性 Talk」來表達，通過性 Talk 瞭解彼此的性癖好後，接受自己可以接受的，拒絕自己想拒絕的，像這樣彼此同意之後再來發生性關係。

性 Talk 做得好的話，除了更能接受彼此的性癖好外，說不定在過程中還會發現自己都不知道的癖好。因此不是從一開始就要尋找適合自己性癖好的人，尋找能夠分享性 Talk 的人更為重要，對於性事能夠溝通的態度，可以讓兩人之間的性更加健康和成熟。

女兒性教育44

在體外射精是不是就不會懷孕？

和體內射精相比，體外射精懷孕的機率當然比較低，但是並不是完全不會懷孕，如果因為這麼做而懷孕的話，那要承受的後果實在太大了。

我也有遇過雖是體外射精但還是懷孕的青春期孩子，她們都很慌亂。因此，體外射精並不是避孕的方法。原因就在於男性的尿道球腺液，也被稱為考珀液。

考珀液是由美國的考珀這個人發現的，所以因此而命名。簡單來說，考珀液是男性性器官分泌出來的一種潤滑液，他們在性慾亢奮時，會出現某種類似液體的少量分泌物。考珀液內含有一百到三百個健康的精子，數量雖然不多，但都是活動力旺盛，非常健康的精子，因此很有可能會讓女性懷孕。

所以男性在插入後，才在中途戴上保險套的話是有危險的，因為在戴上保險套之前男性就已分泌出考珀液了。因此在插入之前就先戴上保險套才是安全的避孕方法。

跟這個類似的問題是「如果算好排卵期的話，是不是就不會懷孕了？」我的回答也是一樣的。非排卵期性交的受孕機率自然比排卵期低，但也有因此而懷孕的例子。

人類的身體不是像機器那樣完全根據規則來運作。先天性的原因，或壓力等外在因素都可能讓排卵期變得不規則。因此，即使懷孕機率降低了，也並不是零。計算排卵期和體外射精都不能被稱為避孕方法。

使用不完善的避孕方法，會讓性關係不安。因為恐懼懷孕，在性行為發生的當下和事後心裡都會害怕。必須記住的是，安全的避孕，才能打造彼此都能負責的性關係。

女兒性教育45

使用保險套會對身體不好嗎？

會提出這個問題的孩子，可以分成兩種類型，這兩種類型可以說完全相反。一種是對於避孕知識和保險套瞭解不夠的孩子。這些孩子是從周圍朋友或網路上聽到，保險套對身體不好。也有可能是交往的對象想要推卸避孕的責任，為了不想使用保險套，而不懷好意故意這樣說。

保險套進入女性的陰道內，會碰觸到身體裡面。直覺想的話，不是自然的東西進入身體裡面，會對身體不好似乎非常有道理。但是保險套因為會進入體內，所以是在國家嚴格的規定下製造的，保險套的材質對人體並沒有危害。

使用保險套，不只能夠避孕，還能預防疾病。因為是戴著保險套插入，所以比較衛生，進而能預防性病或降低藉由體液而感染疾病的風險。

另一種類型的孩子是非常關心且瞭解避孕知識，想要找到更好的避孕方法。不論是哪種產品都是根據國家規定製作，但對於那些追求環保的人來說還是覺得不足。現在，不管是食物、衣服、化妝品、衛生棉等各種產品，尋找環保產品的人越來越多了，保險套也不例外。

我想對這類孩子推薦EVE這個品牌的保險套。在網路上很容易就能搜尋得到。這個品牌是由親環境材質製作，公司的代表是三名青年，其中一名是女性，因為希望女性也可以購買並攜帶保險套，所以將品牌取名為「夏娃」（EVE）。

你們是不是想問我為何知道得這樣清楚呢？我在進行性教育的時候曾經遇過她，但我完全不是因為認識對方，才介紹這個商品，而是因為我認同這個商品所要傳達的意義和理念，他們對於青少年問題也相當關心。

女兒性教育46

墮胎是不好的事嗎？

雖然現實生活有許多人墮胎，但是原則上在韓國墮胎是違法的。不只是墮胎的女性會受到處罰，就連進行墮胎手術的醫生也會一併受懲。

但根據法律，本人或配偶在優生學、或遺傳學上有精神障礙或心理疾病、傳染病、遭強姦而懷孕、法律上不允許婚配的血親，或懷孕後有可能危害母體健康等則為特例，允許墮胎。不過這時候必須交由醫生來裁定，也要得到配偶同意才行。如果是沒有結婚的女性，則要得到伴侶同意。

認真思考，這規定似乎有些奇怪。墮胎是跟女性本人最相關的事情，也是對女性身體會有巨大影響的行為。但現實上不論是違法還是合法，都無法讓女性自己決定要不要墮胎。而且對於墮胎的責備也只針對女性。墮胎的女性受到了處

罰，但是那個一起發生性關係的男性在法律上卻不用負起任何責任，甚至還可以躲開社會的責備。

其實，墮胎在倫理道德上是極為敏感的問題。要優先考慮女性身體的權利，還是胎兒生命的權利呢？這兩個觀點是對立的，雙方各有爭論。

不過大部分的先進國家都是優先考慮女性身體的權利，往允許墮胎的方向修法。每個國家的基準略有不同，大部分都允許在懷孕三個月到六個月之前，女性可以決定要不要墮胎。韓國也有越來越多要求改革的聲音，世界趨勢已經往這方面發展，韓國也預計會在將來修法。

看看那些允許墮胎的先進國家，其實墮胎率並不高。反而把墮胎視為違法的韓國，墮胎率在經濟合作暨發展組織（OECD）中高居第一。造成墮胎率低的原因，除了成熟的避孕文化之外，還有女性可以獨自撫養孩子的環境。在沒有這些條件的環境下，墮胎又是違法的話，女性只能選擇在惡劣的手術環境中墮胎，危險性相當高，這些都是女性遭遇不公平的對待。

當有青春期的女孩問我有關墮胎的問題時，我會小心翼翼觀察孩子的表情。因為孩子可能已經懷孕了正苦惱著如何墮胎。如果孩子表情過度凝重，或是看起來似乎在隱瞞什麼的話，我會進一步跟孩子多聊聊，讓她們說出真正的苦惱。如果要墮胎的話，那應該儘可能快點進行，這樣才能讓身體快點復原並減少後遺症。當然家長也不需要一被問這個問題，就開始擔憂，大部分的孩子只是因為好奇才問。

現在，女權主義的聲浪越來越大，關於墮胎的討論也越來越激烈。跟主張墮胎的孩子一起討論並分析彼此的想法也是很好的性教育。

女兒性教育47

婚前守貞真的好嗎？

跟過去相比，如今社會對於性是相對開放的。因此，有些大人們會說：「現在還有會問這種問題的孩子嗎？」

過去社會強迫女性要婚前守貞，對性的無知會被稱讚為純潔，所以女性不學習性，也不會想知道性。但如今婚前守貞已被認為是一種過時的觀念。

當然跟過去相比，已經很少人提出這種問題。但是即使如此，我依然被不少女孩們問過，她們大多是在基督教、新教、天主教等虔誠宗教家庭下長大的孩子，對於性受到的都是保守的教育。

不過如果孩子本身對婚前守貞的信念堅定的話，就不會有這個問題。因為信念很堅定，內心沒有糾結，自然不會產生疑惑，這樣的孩子已經認定了自己要這麼做。

會提出這個問題，表示孩子內心正因糾結而苦惱著。可能是因為現在交往的對象想要有性關係，內心開始動搖了，或心裡也想有性關係，但是礙於宗教信仰，無法做出決定。

跟提出這個問題的孩子對話後，我常常聽到孩子們說：「老師，我真的很痛苦，我覺得非常有罪惡感。」他們的內心該是多麼煎熬，才會嚴重到產生罪惡感！其實到了這種程度，表示他的心裡早就傾向不想繼續守貞了。

我認為決定的基準在性主體權。婚前守貞好或不好，想不想持守，單純都是個人的價值觀而已。最重要的不是宗教的強迫或男朋友的要求，而是自己想要怎麼做。自己根據內心想要的做出判斷後，跟認同這個價值觀的人交往就可以了。

女兒性教育48

女生的性慾比男生低嗎？

許多人認為男性天生性慾強，反之女性的性慾比較弱，甚至還提出科學的證據作為佐證。他們認為男性因為要儘可能繁衍後代，所以性慾比較強。而女性因為需要育兒，所以性慾比較低。不過，最近越來越多女性反對這種主張。

稍微想一下就會覺得這觀點很奇怪。如果女性的性慾天生低的話，為什麼過去只強迫女性要守貞，違背時甚至還得遭受殘暴的處罰呢？在非洲甚至還有女性割禮這種殘忍的文化。照這理論只要放著不管，反正女性性慾很低，自然就會遵守潔操。

還有，在嚴格規範女性性慾的文化下出生的女性，要如何知道自己的性慾是天生低，還是後天的影響呢？這實在難以作出判斷。

我的想法是這樣，過去我們社會對於女性的性慾和男性的性慾是用完全不同的標準來衡量，所以「女性的性慾比男性低」這種主張真偽難辨，也毫無意義。事實上，性慾強弱比起男女有別，個人的差異更大。在這個世界上有性慾強的女性、性慾強的男性、性慾弱的女性和性慾弱的男性，我認為並無法單從男女來判斷性慾強弱。

提出這個問題的孩子如果性主體權低，因而認為這個傳統觀念是對的，那麼就要糾正孩子的想法。相反的，如果是性主體權高的孩子，就會知道「這只是偏見，女生和男生都是一樣的。」父母只要繼續幫助孩子強化主體權就可以了。

女兒性教育49

在學校被傳是「公車」怎麼辦？

當我聽到孩子提出這個問題時，真的非常非常生氣。不是對提出問題的孩子生氣，而是對散播這種謠言的孩子們生氣。為什麼只有女性要遭受這種惡意攻擊，我真的感到非常難過。

我不知道這個詞是從哪裡流傳出來，但很明顯的有貶低女性的意思。男性不論同時跟幾個人談戀愛，或發生性關係都不會被稱為「公車」。他們不會被貶低和排擠，反而會被認為是有能力的人，但是換成女性就會被羞辱，並遭人指指點點，甚至性暴力的受害者也會被這麼說。用這句話來形容他人，從廣義來看也是一種性暴力。

這個問題並非孩子通過諮詢就可以解決，因為這是跟孩子所屬的學校這個巨大的機構有關。孩子能夠做的就是把留言畫面截圖，或是想辦法錄音。

我建議家長必須快點告知學校，讓學校直接介入。學校首先要做的是找出第一個散播傳言的人，為此必須跟許多孩子對談，才能順藤摸瓜找到最早散播傳言的人，然後就是讓孩子直接道歉。

可惜的是，學校明明可以這樣處理，卻往往因為內部體制不完善，只讓導師自行去解決，然而導師本身不見得具備相關意識，而造成處理的程度不一。因此，我認為不只是孩子，就連學校老師也需要徹底學習性教育和性別意識教育。

我還想再提一件令人惋惜的事情。那就是即使幸運地獲得學校積極協助，找出第一個散播傳言的人，也會發現這些人大多數都是女生，也就是說女性在貶低女性。主體權高的孩子是不會使用這種貶低女性的語詞，會這麼做的都是主體權低的孩子。因此，請大人們務必要好好訓練孩子的性主體權。

女兒性教育50

我遭受到性暴力了嗎？

我在學校進行性教育諮詢，提到自身過去遭受的事情時，孩子曾問我：「我也遇過這種事情，那個就是性暴力嗎？」當我深入詢問具體狀況後，出現了各式各樣的答案：同一個社區的大哥哥，或認識的某個鄰居叔叔摸了孩子的性器官，或是用自己的性器官碰觸孩子。也聽過學校老師單獨把孩子叫出來，摸了孩子的身體。在這些加害者中不乏孩子親近的家人或親戚。

孩子們說當時還沒有意識到這就是性暴力，就這樣讓事情過去了。可是即使無法具體判斷對錯，心裡一直覺得哪裡不對勁。直到上了性教育的課程之後，才知道原來這些遭遇是性暴力。

聽到這些，首先**我會對這些孩子們說：「謝謝妳鼓起勇氣說出來。」接著繼**

續跟孩子深聊，並儘可能建議孩子們接受性暴力受害者的心理治療。即使沒有意識到那是性暴力，那些事情也可能會引發社交恐懼或憂鬱症等或大或小的心理創傷，還有因為事後才察覺那些是性暴力，孩子的內心也可能同時產生自責和愧疚，這些都是「創傷後壓力症候群」。

根據情況的不同，有些還需要告發加害者並進行訴訟。當然若要進行訴訟的話，得相當小心，因為隨著時間過去，證物或證人可能都不在了，所以要考慮當中孩子所承受的壓力。孩子和爸媽，還有兒童性暴力相關單位的專家要充分商議才能作出決定。

有關性暴力的內容將會在下個章節中深入探討。

第五章

女兒更需要了解性暴力

——父母必須了解的 19 個關於性暴力的事實

ME TOO 運動開啟了全新時代的大門，
不僅加強社會大眾對性暴力的意識，
讓受害者為自己發聲，
同時也加重性犯罪者的懲罰。
即使沒有馬上出現令人滿意的結果，
但我們已朝向無法違抗的浪潮前進了。

性暴力教育1

迎接 Me Too 運動掀起的全新時代

詢問有女兒的爸媽們最擔心什麼的話，最常聽到的答案就是「性暴力」。當然男性也可能成為性暴力的受害者。但不管怎麼說，女性所遭遇的環境更危險，這是誰也無法否認的事實。

我認為二〇一八年是相當有意義的一年，那一年開始了 Me Too 運動。過去韓國社會持續起訴性暴力相關的事件中，最代表性的有一九九二年首爾大學中教授性騷擾事件④，後來被確定是犯罪行為，還有二〇〇八年的趙斗淳事件⑤加重了兒童性犯罪者的判刑。

如果說之前所發生的都是單一事件，那麼 Me Too 運動就是群體性的活動，是一股巨大的浪潮。因此，它所帶來的影響也比過去都大，雖然 Me Too 運動主要是揭發名人或上位者的惡行，但通過這個契機，讓我們重新正視社會上有許多性暴力在生活中還在持續發生。

Me Too 運動開啟了全新時代的大門，不但加強社會大眾對性暴力的意識，讓受害者得以發聲，同時也加重性犯罪者的懲罰。即使沒有馬上出現令人滿意的結果，但我們已朝向無法違抗的浪潮前進了。

因此，在性教育中必須有一定比例來探討性暴力。這也是為什麼在這本書中我會另起一個章節來討論。孩子們必須意識到什麼是性暴力，爸媽也要幫助孩子了解，唯有如此，當孩子遇到性暴力時才能有所防備。

在前面的章節中，我最強調的概念是主體權，而在此章中，我最想強調的是

---

④「首爾大學申教授性騷擾事件」是韓國第一件被認定為犯罪的性騷擾案件。當時在首爾大學某間實驗室工作的禹姓約聘助教，受到上司申姓教授不必要的身體接觸及與性有關的不當發言騷擾。

⑤犯人趙斗淳將年僅八歲的女童娜英（化名）誘拐至教會廁所性侵，造成女童臉部、腹部、骨盆受重傷，留下永久性傷害，讓娜英終生得使用人工肛門與尿袋。

勇氣。性暴力會讓人產生巨大的心理創傷，是極為痛苦的經驗，對孩子們來說更是如此。因此，在性教育中主體權和勇氣必須一起訓練。這裡所謂的勇氣包含了防止性暴力發生的勇氣，反抗性暴力的勇氣，克服性暴力的勇氣，還有支持其他性暴力受害者的勇氣。

當然，性暴力是讓人感到痛苦的議題，光是想像自己的孩子萬一是性暴力受害者，內心就會無比難受，但若置之不談的話，那麼痛苦必定會加劇。因此，我請求爸媽們一定要認真閱讀本章。

性暴力教育2

性暴力不是父母可以防止的問題

看著剛出生的女兒的臉，父母會不由自主的想著：「女兒呀，媽媽爸爸會一直保護妳的。」如果能夠像父母所承諾的，家長可以永遠保護女兒，不讓她遭受性暴力對待那該有多好，但這是不可能的事情。

因為我們無法把女兒關在家裡，不讓她去幼稚園、學校，甚至是職場。就算真的做到，這不也是一種虐待嗎？即使爸媽沒有做到這個程度，生活中也常常看到家長，比起兒子對女兒的管控更嚴格，**規定回家的時間、不能穿短裙。當女兒提出抗議時，會跟女兒說：「這都是為了妳好，萬一發生意外可怎麼辦？」然而，我想再次跟爸媽說，即使這樣做也不可能保證女兒不會遭受性暴力。**

因為性暴力已經在我們日常生活中四處蔓延。即使沒有到偏僻的場所，沒有穿暴露的服裝，即使拒絕了男性的邀約，也不可能完全避免性暴力的發生。很多女性都深知這件事，因為即使在大白天出門、在校園內上課、跟男朋友約會，也可能在日常生活中突然遭受性暴力，甚至可以說，大多數女性都曾遭受過或大或小的性暴力。

更何況現在因為小型攝影機不容易被發現。因此被偷藏在廁所、飯店、游泳池、學校、醫院、辦公室、遊樂園、三溫暖等地方的攝影機數量，一年就超過了一千多台，這種以非特別多數為對象的性暴力，根本避免不了。這些攝影機被稱為「針孔攝影機」，我認為應該要改為違法攝影機或數位性犯罪才對。

我這麼說並非認為預防性暴力完全沒有意義，只是希望大家不要認為只要充分預防就不會發生，因為若大家都這麼想，當事情發生時，就會認為這些都是受害者的問題，心想「因為沒有預防，才會遭受這樣的事情。」我們真正需要的不是受害者的預防，而是防止成為加害者。

家長必須意識到，我們的孩子不論何時都可能成為性暴力的受害者，所以必須要讓她們知道的是，遇到性暴力時的對應方法。只有這麼做，當孩子們遇到時，才會知道要採取哪些措施。

性暴力教育3

女性也可能成為加害者

性暴力中不只有受害者，有受害者自然也有加害者。因此，我們也必須思考，自己的孩子成為加害者，對其他人施加性暴力的可能性。

當我這樣跟有女兒的爸媽說時，得到的回覆常常是：「什麼？加害者？我的孩子是女生耶！」會說這樣的話表示，他們認為性暴力的加害者只可能是男性，而受害者是女性。

過去在法律上，確實也是如此定義。因此，曾發生過男變女的變性人，遭受性暴力時，不適用性暴力罪，而是一般暴力罪。不過從二〇一二年開始，法律上對於性暴力受害者的範疇從「婦女」改成了「人」。

性暴力根據性別可以分成四種類型。男人對女人施加性暴力，男人對男人施

加性暴力，女人對男人施加性暴力，女人對女人施加性暴力。當然從比例上來說，男人對女人施加性暴力的案例最多。不過，絕對不能因此忽視女人成為加害者的可能。事實上，此類型的性暴力案件正慢慢增加中。

性暴力其實是一種權利關係，是地位高的人對地位低的人，力量強大的人對力量弱小的人。因此，女性也可能是加害者。

曾經有位三十多歲的女性教師跟國小六年級的男學生多次發生性關係，這可以說是一種誘騙性犯罪（培養信任和親密感後，進行加害的性犯罪），最後這位教師因涉嫌強姦未成年被關押了。受害的兒童則必須數次接受心理治療。備受矚目的女性導演猥褻同為電影人的同事事件也轟動一時，那位女性導演最後也離開了電影圈。

在我諮詢的案件中，也有女性上司因職場性騷擾而被起訴的，那位女性上司以拉近關係為由頻繁碰觸下屬們的身體。下屬們在忍無可忍之下，集體提出告訴，被害人中有女性也有男性。

女性成為加害者還有一種普遍情況是，對性暴力受害者進行二次加害。所謂的二次加害是以不理會或羞辱來怪罪受害者。現在正在閱讀這本書的讀者中，如果有媽媽或女性的話，請回想一下，自己看到性暴力受害者時，是否曾經嘀咕地說：「會不會她先去勾引別人呀？平時兩人看起來很親近。」或「怎麼一點也不害臊，還一副做了什麼好事的樣子。」即使是無心的話語，對性暴力受害者來說，是帶來更大傷害的二次加害。近年來對於二次加害提出告訴的案件也有越來越多的趨勢。

有兒子爸媽會如此，但有女兒的爸媽更加有可能成為二次加害者，因為不認為孩子有可能成為犯罪者，所以常常會聽到他們說：「我家的孩子絕對不可能是那種人。」問題是爸媽不可能完全瞭解孩子，即使在爸媽面前很乖巧，在外面孩子只要想就有可能成為性暴力加害者。因此，即使是女兒也需要防止成為性暴力加害者的教育。

性暴力教育4

加害者常見的錯覺

我常常接到法務部或各大企業、公家機關的委託，去見成人或青少年性犯罪者，這些人有義務必須接受性暴力預防教育，因此讓我有了調查的機會。當我真正見到他們後，才發現他們所犯的罪行什麼都有，從性騷擾、性猥褻到強姦未遂，甚至還有人帶著電子腳鍊。

當我問他們：「為什麼要那樣做呢？」會聽到像這樣的答案：「和女生一起去電影時，女生睡著了，她把身體靠向我，我覺得她想要跟我上床。」還有人說：「女生托著下巴看著我，一副誘惑我的樣子，想要跟我打炮。」

最近還有人跟我說，他開始去教會後，有位女生看到他時，總是滿臉笑容地跟他打招呼，也會請他喝咖啡。沒有去教會時，還會傳簡訊來問：「你為什麼沒有來教會呢？下週一定要來喔！」這個就是女生傳遞喜歡自己的信號，不管怎麼看都是想跟他親熱。我回答他：「會那樣做並不是喜歡的意思，是希望你來教會而已。我跟你諮詢的時候，也會請你喝咖啡。也會傳簡訊跟你說『因為有諮詢，請一定要來。』我跟你聊天時也會笑，不是嗎？那麼，我也喜歡你嗎？」

聽到這些故事時，大家是不是覺得他們的想法非常荒謬呢？可是在我接觸的性犯罪者中，大多數人都有這種想法。在我們社會上，有多少性犯罪者呢？那些沒有受到處罰，依然隱藏在社會中的性犯罪者又有多少呢？居然有這麼多人，把別人的話語或行為根據自己的基準誤以為是性暗示、過度解讀、再次編輯後陷入了自己的幻想，最終鑄成了犯罪。

更大的問題是，有更多人即使沒有犯罪，在內心深處卻認同這些性犯罪者的想法。「應該不至於是單方面那樣認為吧，受害者應該給過一點什麼暗示才會變成那樣。」雖然程度有別，但是不得不說這些人都跟性犯罪者有著相同的誤解，這也是對被害者的二次傷害。我雖然使用加害者的錯覺來表達，但其實這也是我們社會的錯覺。

對方是否同意發生性關係，不是自己去評估判斷，而是對方得明確表達意願

才行。具體詢問對方是否同意，然後必須得到「可以」這個答案後，雙方才能有性行為。

具有性主體權的女性是不可能認同加害者這種錯覺的。她們不會自我懷疑「我是不是真的造成誤會了？」而是會明確知道「我沒有同意的話，那就是性暴力。」同時，也不會認同性犯罪者的心理，而對受害者造成二次加害。因此，一定要好好教導女兒，讓孩子具備性主體權。

請從「感覺訓練」開始

一開始要跟孩子們說明性暴力這個概念並不容易。因此，我建議爸媽可以先從感覺訓練開始。所謂的感覺訓練就是遇到某事時，詢問孩子感覺如何？在這個過程中，當孩子出現討厭的感覺時，要教導他怎麼處理。

為什麼說感覺訓練很重要呢？孩子們可能無法分辨好人或壞人，也無法分辨對方的行為是對是錯。但孩子還是有感覺的，那是自己最真實的感受。

因此，當爸媽要碰觸孩子的身體時得詢問孩子：「媽媽可以抱妳嗎？」或「爸爸可以親妳嗎？」這個跟感覺訓練有很深的關聯，因為孩子通過爸媽的詢問，會去思考自己有怎樣的感覺。

在法庭上處理性暴力事件時，兒童受害者常常被問到當時的感覺。當然希望最好不要有需要上法庭的事，但各位家長仍有必要先了解。

接下來，我會更具體來說明如何進行感覺訓練。孩子們最喜歡看卡通《PORORO》（淘氣小企鵝）了，爸媽陪著孩子一起看時，可以藉由卡通人物詢問孩子：「現在PORORO的心情好不好呢？」「妳的感覺又是什麼？」再接著問：「所以PORORO怎麼做？」「那妳又會怎麼做呢？」「如果妳有這種感覺，這樣做做看如何呢？」

這樣的對話不論是看哪個節目都適用，若節目換成《蠟筆小新》的話，大家可以發現小新對性常常表現出冒失的態度。我們可以提出：「小新那樣做的話，妳覺得家人會喜歡嗎？」「妳覺得像小新這樣的人能跟喜歡的人交往嗎？」做各種不同的討論。不一定要看兒童節目，電視劇、廣告、繪本等都可以。如果可以的話，不論看的是什麼，即使時間很短，也要經常通過這樣的對話來做感覺訓練。

但爸媽在提問時，必須先掌握作品的內容脈絡，絕對不能讓孩子自己一個人看完後，爸媽再提出問題，而是要和孩子一起觀賞。例如，在電視劇中常常出現男主角強硬抱女主角的畫面。孩子看到後，可能會說：「他們兩個人是因為喜歡對方才抱在一起。」當然劇情可能也是如此。但這個時候，爸媽必須跟孩子說明，為什麼這種行為會成為問題，因此了解整個內容脈絡是很重要的。不要侷限在某個浪漫的情節裡，爸媽需要跟孩子討論的是整體人物的感覺、決定和自我主張等。

性暴力教育6

只說「不要……」是不夠的

不只是性教育，無論教導孩子學習什麼事都一樣，比起跟孩子說「不要怎樣」，最好教他們「要怎麼做」。盡可能以正面事例教育孩子，而不要採用負面案例。

我用在路上遇到消防車來做比喻，想像一下當消防車經過，看到所有車子都擋住道路時，教導孩子「不可以擋住消防車。」相反地，消防車一來，看到車子都往某一方向讓路時，教導孩子「要先讓消防車通過」，你認為哪種教育方式比較有效呢？當然是後者。

爸媽們會對孩子說：「不可以跟陌生人走」、「不要去危險的地方」、「太晚不要在路上亂走」……但與其這樣教導孩子，不如告訴他遇到那些情況時，要怎樣做才是更好的。

話雖如此，爸媽也不能直接說：「如果有人把手伸進你的衣服內，你就大聲叫。」不要只是對孩子說明，而是假設遇到那種情況時，練習要怎樣做才最有效果，就跟學校也會假設發生火災，而進行避難訓練一樣，把這想成是角色扮演遊戲來訓練。

媽媽：那假裝媽媽是一位陌生的叔叔。

孩子：好。

媽媽：現在妳出門後，遇到一位陌生叔叔。

孩子：好。

媽媽：叔叔問，妳住在這個社區嗎？我迷路了，妳可以幫我嗎？

孩子：你可以找大人幫忙。

媽媽：叔叔現在有點著急，妳就幫幫我吧！（抓住孩子的手）

孩子：不要！不行！然後就趕緊逃跑。

媽媽：妳做得很好。那妳到家後要怎樣做呢？

孩子：不管發生什麼事都跟媽媽說。
媽媽：對，做得很好。

爸爸：如果妳在商店看到喜歡的東西，結帳時要怎樣做呢？
孩子：我會拿錢給老闆。
爸爸：當妳拿錢給老闆的時候，老闆說，妹妹妳好可愛，要不要坐在我的膝蓋上呢？
孩子：不，我不要。
爸爸：我是因為妳很可愛才這樣說。如果妳坐上來，這個東西就免費給妳。
孩子：還是不要。
爸爸：不要這樣嘛……（假裝要抱起孩子）
孩子：不要！（趕緊跑出去）
爸爸：對，這樣做就對了，妳做得很好。

以上只是作為舉例簡單地描寫。根據孩子的反應，會有各種不同的劇情發展。孩子可能會猶豫：「我不知道要怎麼做……」或是回答錯誤的答案：「那就稍微坐一下啊！」即使如此家長也不需要急躁，慢慢地跟孩子說明，並且訓練孩子做出正確的行為。

除此之外，也可以跟孩子假想各種情況來練習。例如，當無法發出聲音時要怎麼辦，跟朋友在一起時，可以怎麼做等等，在練習過程中，爸媽也要同時問問孩子的想法。

性暴力教育7

要小心陌生人？其實熟人更危險

提到性暴力時，你會想到哪種情況呢？很多人應該都會聯想到是在天黑時，路過某個人煙稀少的地方而遭受到陌生人的攻擊對吧？

這種情況好像確實不少，但根據統計結果，出現的答案卻令人意外。**事實上從家族、鄰居、朋友等周圍認識的人施加性暴力的情況更多，而這些性暴力通常是利用年齡或地位的權勢來加害對方。**

特別是在家族中發生的性暴力被稱為「家內性侵」。加害者和受害者居住在同一個空間或是常常碰面，所以受害者並非一次受害，而是持續發生。有的甚至從小時候就開始，持續到青少年、成人時期。受害者和家人生活時，會不斷感受到背叛、復仇、疏離、侮辱等矛盾情緒。同時，在身體、心理、社會方面都會引發嚴重的後遺症和痛苦。

你是不是想「怎麼會對家人做出這種事呢？那種人一定是變態或精神異常者。」可是這些加害者們，大多數都擁有上班族、公務員這種一般職業，是看起來非常正常的人。也有很多人是高學歷者或中產階級，與其說他們精神異常，不如說他們認為可以利用權威輕易解決自己的性慾。

在實際發生的案例中，許多性暴力加害者和受害者在權利關係上有很深的關係。男性－女性、年長者－年幼者、上司－下屬、非身心障礙者－身心障礙者、本國人－外籍移工等。從這些關係中檢視是誰對誰施加性暴力之後，就可以理解權利和性暴力的關聯性了。

被認識的人施加性暴力後，會更難以對其他人說。加害者也會利用這點威脅：「如果妳說出來，我們家就會破裂了。」因此，**不論是哪種情況都必須要相信受害者，爸媽要讓孩子相信自己是可以保護她的人，完全站在他這一邊。除了爸媽外，也要事先告知孩子，有哪些專業諮詢師或相關團體能夠幫助她。**

我曾經諮詢過好幾件遭受親屬性暴力的事件。很多情況是媽媽不相信女兒的話，先是怪女兒說謊，最後才感到後悔，因為她們很難相信自己的丈夫或兒子會犯下性暴力，甚至有些媽媽認為家庭太過重要，基於守護家庭的心態，採取了錯誤的方式，強迫女兒和解。以受害者為中心的原則，即使是親屬性暴力也絕對不能例外。

為了預防熟人性暴力並儘快揭發事實，必須讓孩子具備不論是多麼親近的人都絕對不能碰觸自己身體的觀念。這也是為什麼，即使是家人間要有親密接觸，也要徵求同意。還有，家長必須了解性教育不只孩子需要，家族中所有人也都需要接受性教育。

性暴力教育8

能活下來最重要

最近性暴力受害者常被形容為「倖存者」。意指他們並非是單純遭受傷害的被動存在，而是克服痛苦後存活下來的積極存在。

我們社會總是認為「一旦遭受性暴力，人生就毀了」這種看法反而會使性暴力受害者更加畏縮。如果受害者本身也陷入這種想法，認為「我完蛋了」就會落入更嚴重的惡性循環。當然遭受性暴力是非常痛苦的，但是自身努力，再加上周圍的人積極支持的話，就能夠克服痛苦，重新過上正常生活。

只是我們的社會經常疏於協助他們。不，不只是疏忽而已，甚至還會反過來批判受害者，不管是年齡多麼小的受害者，也無法逃脫這種社會氛圍。

最常出現的就是追問受害者為什麼不反抗。可是即使平日受過訓練，知道

「當遭受性暴力時要大聲叫出來。」但真正遇到的當下，並不容易做到，因為瞬間腦中會一片空白，身體也會變得僵硬，很多情況是成人們會讓兒童受害者無法發出聲音，甚至有可能是大聲呼救後反而讓自己陷入更加危險的處境。事實上，即使是身為性教育專家的我遇到那些情況時，也無法保證自己能夠準確地根據所學來行動。

成人們尚且如此，更何況是孩子們呢？但是我們社會竟還會對年幼受害者追問：「妳為什麼在那個情況下不大叫？」聽到這些，受害者心裡會自責：「啊，因為我做錯了，才會遇到這種事情。」導致受害者變得更畏縮，這就是典型的二次加害。

以結果來說，受害者能否作為倖存者繼續生活下去，不是受害者個人意志強弱的問題，沒有任何受害者想要一直當受害者。是我們的社會過於強烈批評受害者，才會讓他們畏縮。我看過不少意志力堅強的受害者，撞上社會這塊巨大的牆壁後挫敗的樣子，也就是說「最初是加害者讓這些人變成了受害者，但是讓受害者最終死去的是我們的社會。」因此，不能讓殺死受害者或是任由受害者死亡的事情再次發生，這也是性教育很重要的原因。

我想對性暴力受害者這樣說：**「能活著真的很幸運。遭受性暴力時抗拒了，但抗拒不了；舉報了，但舉報不了；加害者被處罰了，又處罰不了等許多情況和變數都無法控制。但是先不管這些，只要活著本身就很珍貴了，活著才是最重要的。」**希望我們社會可以為這些倖存者鼓掌，支持他們好好生活下去。

性暴力教育9

從預防受害者教育到防止加害者教育

應該很多人還記得二〇〇八年的「趙斗淳事件」。雖然現在我們很自然地稱之為「趙斗淳事件」，但在事件剛發生時，媒體是使用受害者的名字被稱為「娜英事件」，後來人們才意識到受害者的人權必須受到保護，因此才改了名稱。這個事件可以說是韓國對於性暴力看法轉變的最大契機。

在這之前，大多數人會認為是受害者自身誘發了性暴力。這樣的觀點不只是給加害者定罪，還對他們貼標籤。這也是致使受害者報案率低下的原因，同時也讓加害者誤以為這麼做沒有關係，更別說心裡會有罪惡感了。不過在趙斗淳事件發生後，加害者必須負起全責的觀點得到了支持。當然那些指責受害者的目光依然銳利，但趙斗淳事件確實是一個轉捩點。

也因此，加害者防治教育開始受到重視。例如，「儘可能不要一個人搭電梯。」是受害者預防教育。若將其改成加害者防治教育的話，那就是鼓勵大家「當看到兒童或女性單獨搭電梯時，為了不讓他們感到不安，儘可能等他們離開後再搭。」

再舉一個例子，假設在夜晚，有個男性走在女性後面，女性可能會因為不安而加快腳步，而男性也會怕自己無端被誤會。在這種情況下，對彼此都好的方法是男性走在巷子時，發現前面有女生的話，就暫停腳步，隔遠一點再走。這也可以被稱為「距離的尊重」，意思是人和人之間必須有尊重彼此的距離才安全。

如果把範圍擴大來看，也可以說是拒絕以男性為中心已經被扭曲的性文化——將女性當成性對象，開黃腔、色情片、性交易等，這些在帶給男性娛樂和歡愉的同時，也強化了男人氣魄。但在這樣的文化中，卻擴大了女性對於性暴力的恐懼，進而發展出限制女性活動及規範女性穿著和行為的方式。也就是說，社會並沒有正視這個扭曲了的性文化，只是強迫女性要更加珍惜自己的身體。

於是女性變成了男性的工具，這種以男性為中心支配女性的扭曲性文化，因為男性集團的共謀得以繼續維持。不過，如果只是敦促男性要覺悟是不夠的，因為許多女性也用默許來表示認同，不關心或保持沉默的女性們，也是在幫助並維持這種性文化。因此，女性們更要為自己發聲才行。

為了不讓這種文化再次產生，加害者防治教育必須要積極實施，真的想要預防性暴力的話，一定需要社會層面共同努力。

我在CBS《15分鐘，改變世界的時間》節目中演講時，有人提出了這個問題：「近來性犯罪的判決很奇怪，為了減少這種情況發生最重要的是什麼呢？」我是這樣回答的：「雖然判決中有各種變數，但想要減少這種情況，首先要遇到好的加害者。」這是什麼意思呢？因為如果加害者始終不認罪，甚至轉而怪罪受害者，或是指責受害者是狐狸精，更過分的是反告對方誣告罪或名譽受損罪，這樣的話，就可能會影響到判決。」所以我才說，加害者防治教育更加重要。

性暴力教育10

被男生欺負是喜歡的表現？

這是某位媽媽告訴我的事例，某天她接到學校的電話說女兒的膝蓋受傷了。媽媽嚇了一跳，趕緊問老師女兒是怎樣受傷的。老師說：「同桌的男生推了她。」於是，媽媽繼續問：「那個男孩為什麼要推她？」沒想到老師回答：「可能他喜歡妳女兒吧！」

這位媽媽帶著女兒去醫院，護士邊檢查膝蓋邊問：「為什麼會受傷呢？」女兒回答：「同桌的同學推了我。」沒想到護士也說：「哎唷，看來他喜歡妳喔！」

大家是不是覺得這個理論很奇怪呢？一個人攻擊了另外一個人，讓她受傷了。但是大家卻把這個行為解釋成「因為喜歡才會這樣做。」是說喜歡對方就可以讓對方受傷嗎？從什麼時候開始，讓別人受傷這個行為變成了示愛的表達呢？

這樣的解讀，無異給了加害者一道免罪符。

喜歡和欺負這兩件事情必須明確分開。喜歡就是喜歡，欺負就是欺負。如果喜歡對方的話，就要尊敬、關心對方，絕對不能使用暴力。男孩欺負女孩是因為有好感的這個解讀，之所以會變成一種文化應該是大人造成的。孩子們看到大人的這種反應後，會認為「喔？我這樣做也沒有被罵，那就是可以使用暴力囉！」相反的，受害者也會認為「啊，我會被欺負是因為對方喜歡我，我必須理解對方。」

這種理論不只是發生在孩子們身上，情侶之間、夫妻之間也一樣，這也造成了發生約會暴力或夫妻強姦的原因。

我認為曾經風靡一時的「壞男人症候群」也是這種錯誤文化所引起。遠離壞男人不是理所當然的嗎？可是被認為是壞男人時，反而更受歡迎了。許多女性從小就認為那些欺負自己的男孩是「因為喜歡自己才會那樣做。」或許就是因為這樣，才會在長大後遇到有暴力傾向的男人時，反而會說：「哇，好有男人氣魄！」覺得對方很有魅力。甚至跟壞男人分手後，繼續尋找下一個壞男人，或被男性施加暴力後，反而袒護他說：「這個男人是真心愛我才會這樣做的。」這些都是極為常見的狀況。也因為這樣，許多女性並沒有意識到自己是受害者。

如果女兒被男生欺負了，一定要對方直接跟女兒道歉。只有這樣男孩才會意識到暴力是錯誤的行為，女兒也可以確實體驗到遭遇暴力後，對方一定要道歉。這也是培養女兒主體權的行動。

請務必清楚了解。不管在怎樣的情況下，暴力就只是暴力，壞男人就只是壞男人。不好的性教育會讓女性喪失主體權並對性暴力無法正確反應，但好的性教育可以培養女性主體權並讓她們懂得勇於抵抗。

性暴力教育11

請轉變對性暴力的偏見

我們社會看待性暴力的問題時通常過於輕率，這是因為一些偏見或傳統觀念所造成。爸媽可以自我檢查一下，內心是否有這些錯誤偏見。

偏見1 性暴力只會發生在年輕女性身上

意思是，很多人認為是因為年輕女性的魅力刺激了男性的性慾，才會發生性暴力。可是從性暴力實際案例來看，受害者從出生三個月的嬰兒到七十歲的奶奶都有，根據統計，受害者中百分之二十二點七是未滿十三歲的兒童，還有百分之二點七是男性。

性暴力並不只會發生在年輕女性身上，所有處於弱勢的人都可能成為性暴力的受害者。即使是身體健壯的年輕男性，在軍隊中成為相對弱勢時，也會受害。

偏見2　女性因為穿著暴露和行為輕挑，才會誘發性暴力

這個跟第一個偏見是相關聯的，認為女性的穿著和行為是誘導性暴力的原因。有這種想法的人，會對女生給予忠告說：「不要穿著短裙到處走。」根據上面提過的統計資料就可以知道，這也不是事實。性暴力受害者是青少年時，或許可以勉強解釋，是因為穿著太過暴露。但在要求員工穿著合適制服的大企業或公家機關中，亦發生了職場內的性暴力又要怎樣解釋呢？

即使受害者穿著暴露，也不代表允許性暴力。能不能發生性行為，不是透過對方的穿著自行評估，而是必須具體詢問對方，並得到「好」這個答案才能做。

偏見3 女性渴望被強暴或享受強暴

認為女性享受性暴力是最不正常且折磨女性的偏見，這種觀點完全無視受害者在遭受巨大傷害後所說的話，甚至認為兒童受害者也是如此，更是大錯特錯。

我認為應該是極端變態的淫穢書籍或影片強化了這個偏見。這些書籍或影片中常常描述遭受強暴的女性一開始抵抗，但是中途改變了態度轉而表示喜歡，甚至要求更加激烈的性行為。反覆觀看的話，就會認為其中描述的事情是現實，而產生扭曲的觀點。

以兒童為對象的淫穢書籍或影片已經被視為問題並嚴格禁止，我認為通過這種形式美化性暴力的影片或書籍等也都需要被管制。

偏見4 無法控制性暴力是因為男性無法壓抑性衝動

這個偏見認為男性的性慾是本能的、衝動的，也是無法控制的。可是，男性的性衝動並不是不能控制的慾望。性暴力不是因為男性的性衝動發生的，而是男性攻擊性的性行為被默認為是「像男人的行為」，以及助長這種想法的社會陋習所造成，使得男性通過這種扭曲的方式與女性發生關係。

更何況性暴力加害者並不一定是男性，雖然不多，但是女性是加害者的情況也確實存在。

仔細思考就知道，為什麼只有在性暴力中，男性的本能就要被體諒呢？人類也有殺人的本能，不過如今我們有了抑制並處罰這種本能的文化。因此，面對犯下殺人罪的人，我們不會竊竊私語地偏袒說：「他是因為無法控制殺人的衝動，才會這麼做。」那麼，又為什麼要袒護犯下性暴力的人呢？追根究柢，錯誤的文化才是問題，人是理性的存在。

在性犯罪判決中常常出現「偶發性」、「衝動發生」、「理解成性的慾望」等表達。如今女性團體正在努力要把這些修改成「無法意識」、「無法協調慾望」、「沒有對方的同意」、「無法駕馭理性」等。

偏見5 預防性暴力，只會要求女性要小心

女性一定要非常小心，才能避免遭受性暴力。換句話說，自己的身體要由自己來保護，這個說法只不過是把責任轉移到受害者的女性身上而已。

其實，女性們在日常生活中邊擔心性暴力，邊努力生活著，已經活得非常小心翼翼了。即使如此，還是有許多人遭受到性暴力，要求女性要小心不僅不符合現實，也沒有效果。

要預防性暴力就必須把焦點放在防止加害者出現。不是針對幾個加害者，而是整體社會結構、文化要讓那些加害者懂得自我檢討，如此才是預防性暴力最有效也是最根本的對策。

偏見6 如果對方同意，就不算是性暴力

想像一下假設我在網路上購物，購買了A這個商品。可是收到商品後發現收到的不是A商品，而是B。賣家拿著A卻是賣B，在這種情況下，雖然商品是我

同意購買的，但是我就必須默默接受這個結果嗎？沒有人會這麼認為吧！

性暴力事件中，常常發生類似的情況。對方說要請吃冰淇淋，於是跟著走了；對方來問路，所以帶他去找路；對方說來家裡拿東西，於是讓他進門；對方說這是工作上的需求，所以一起去參加研討會……結果卻遭到了性暴力。這個時候，許多受害者都會自責自己像個傻瓜一樣，同意了對方的要求，其他人也怪受害者沒有果斷拒絕。

但是只要不是明確同意要發生性關係，不管同意什麼，都不能認為對方默許性行為。這些都是明確的性暴力，同意購買A這個商品，沒有道理必須對收到B負責。

而且即使真的同意發生性關係，也並非表示就不能反悔。在發生性關係之前，如果改變心意想拒絕，或是在發生性關係的過程中不想要的話，隨時都能停止。「在做之前就已經同意了，應該是沒有關係。」這不過是加害者的藉口而已，對方同意後的心情比同意前更加重要。

偏見7　性暴力受害者身上會有受害者特質

受害者受到傷害後要馬上報案、要逃避加害者、無法過正常的生活、表現是消極且畏縮的……社會大眾會對性暴力受害者有著刻板印象，當受害者不符合這些類型時，社會大眾就會懷疑這些人並非受害者。

看起來符合這些固有觀念的受害者非常多，但是不符合的受害者也存在，這是理所當然的事情。他們是綜合考量自己的情況、加害者和周圍人的關係、平時的性格和當時社會的氣氛等才做出判斷。正因為這樣，受害者們的行為看起來不一樣是理所當然的。

有時候是受害者無法接受自己遭受到了性暴力，因而導致延遲報案，或為了不失去在公司的職位而對加害者表現出親切的態度。這也就是為什麼在他人眼中看來，這些受害者跟平時生活的樣子完全沒有差異的原因。

有人曾經問，受害者如果看起來不像受害者的話，又要怎樣判斷是不是受害者呢？甚至在法庭上也出現過這種質疑的聲音，這樣的說法同樣是在幫助加害者逃避罪責。

把他們變成受害者的是這些加害者。不論受害者之後表現如何，他們都是遭受性暴力的人，我們必須要停止對受害者要求要有「受害者樣子」。

偏見8 加害者若沒有受到法律的制裁，受害者會更受創

我參加CBS《15分鐘，改變世界的時間》時，聽過一個故事。有個國小五年級的孩子遭受繼父性暴力長達兩三年。孩子後來提出告訴，但孩子陳述的內容中有些問題，他對和自己建立起關係的諮詢者所說的內容，和沒有建立關係的諮詢者所說的不一樣。因為陳述內容不一致，最後繼父被判無罪，而那位孩子也被貼上「說謊精」的標籤，過得非常辛苦。

幸運的是，孩子歷經持續兩年的心理諮商後，變得堅強多了。因為內心強大了，當孩子過了許久再次見到加害者時，突然覺悟地說：「為什麼你會低著頭？為什麼你無法正面看我呢？我來告訴你為什麼。雖然在法律上你贏了，但是在現實生活中是我贏了。因為現在你無法再碰我，所以是我贏了，馬上給我滾！」

性暴力受害者在訴訟和裁判的過程中是非常痛苦的。因此，常常會有進退兩

難的矛盾。通過這孩子的事情，我意識到雖然能不能對加害者定罪很重要，但更重要的是，通過告訴能讓受害者和加害者分開，防止他們未來繼續遭受性暴力。因此，我建議即使再辛苦，比起一味逃避，更應該鼓起勇氣積極地申訴，從長期來看，這對受害者來說是好的。

性暴力教育12

性暴力指數調查

我們不能把性暴力看成是少部分人的脫序行為，生活在長期扭曲的性別意識文化中，每個人都可能成為性暴力的加害者和受害者。

我們在日常生活中，也可能無意識地默許性暴力或去怪罪受害者。因此，我們必須先正視自己的觀念有沒有問題。

下面是性暴力的指數調查，通過這些問題可以自我檢測是否隱藏著連自己都未曾發覺的錯誤觀念。只要如實地根據平時想法回答即可，雖然是以男性為對象來製作的問題，但是女性讀者們也可以一起參與。爸媽也能和女兒一起作答後，再彼此分享結果。

性暴力指數調查

項目	問題	O	X
1	男性不懂得關懷妻子、戀人，也覺得女性們沒有被關懷的需要。		
2	所謂「好男人」是會保護和照顧女性的男人。		
3	當感到寂寞時，很難用言語表達。		
4	認為穿著暴露的女性，性關係也很隨便。		
5	在性關係中，要由男性來主導。		
6	在接吻或發生性接觸之前，如果問對方是否同意，是讓人害羞且會破壞氣氛的行為。		
7	性暴力事件發生時，受害者也有責任。		
8	晚上對方願意跟我去飯店或回家，就是表示同意發生性行為。		
9	當性經驗豐富的朋友自誇時，會有羨慕的感覺。		
10	如果女性積極表示想要發生性行為的話，表示她的性經驗很豐富。		
11	女性會覺得強悍的男人很有魅力。		
12	即使女性表明不想交往，在男性持續示愛下，最後獲得愛情是很浪漫的事。		
13	和女性溝通時覺得困難，無法理解女性在想什麼。		
14	無法直接對生氣的對象表達憤怒，反而容易遷怒他人。		
15	喜歡相信男性、尊敬男性，照顧他人勝於自己的女人。		

分數：每得到一個圈即獲得一分。

十五分到七分：紅燈！請注意周圍人的情緒，並且努力學習適當地表達自己的情緒吧！

六分到三分：黃色！你是反對暴力，倡導平等的人，但仍需要多努力留心周邊人的關係及情緒。

一到二分：綠色！你具備健康的性觀念。請跟周圍的人分享有意義的經驗和正面的感覺。

孩子遭受性暴力後出現的症狀

爸媽們要意識到，孩子不論何時都有可能成為性暴力受害者。不論爸媽多麼保護孩子，也不可能讓她們完全不受到性暴力的威脅。

當孩子遭受性暴力後，會馬上跟爸媽說自然最好。但也有些孩子無法這樣做，有可能是因為還無法準確地知道自己遭受到什麼，或因為加害者是認識的人擔心破壞關係，也有可能怕爸媽會生氣。

當然如果孩子從小就具有性主體權的話，很有可能會馬上跟爸媽說。不過爸媽也要知道，孩子並非只根據所學或爸媽預想的來行動。

因此，家長平時就需要好好觀察孩子。遭受性暴力的孩子，即使嘴巴上沒說，身體和心理上還是會出現某些症狀。

身體上的症狀有性器官或肛門受傷。傷口或許很難一眼看出，所以家長在幫孩子洗澡時，要仔細觀察孩子的身體有沒有不舒服或疼痛的地方。加害者強迫孩子接吻或口交時，也可能會讓嘴巴受傷，孩子甚至會想嘔吐，故要留心觀察。

心理上的症狀是，孩子會出現性方面的行為或表達。例如，用洋娃娃模仿性關係，或是畫出精液從性器官流出來的樣子。或許爸媽會想「孩子是因為受過性教育才會那樣畫。」但是在性教育中，並不會告知這樣詳細的行為。

還有，孩子可能會出現不安或憂鬱的症狀。例如，沒來由發脾氣、跟朋友打架，或要笑的時候卻哭了。還未上學的小小孩，還可能出現亂尿尿或吸手指頭等退化的行為。失眠、社會恐懼症、食慾下降等類似憂鬱症症狀也很常見。

如果爸媽懷疑孩子出現遭受性暴力的症狀，不需要逼迫孩子，也不要太過驚嚇或慌亂。要記住現在心裡最不安的是孩子，必須鎮定地跟孩子好好聊聊。

還有一點務必要注意。如同「請轉變對性暴力的偏見」篇章中所提，所謂像受害者的行為並不是絕對的，孩子即使遭受性暴力也可能沒有出現任何症狀。因此，當爸媽很晚才知道這件事時，絕對不能怪罪孩子，強迫孩子要「像受害者的樣子」就會變成二次加害。

性暴力教育14

萬一孩子遭受性暴力怎麼辦？

當爸媽知道孩子遭受性暴力時，第一個反應通常是「孩子的話是真的嗎？」因為我們會下意識的不想相信，自己的孩子會遭遇到這種事。特別是當加害者是家人或親戚時，會更難以接受。但是不管怎樣，都請爸媽一定要相信孩子的話，更不能怪罪孩子。

一定要對孩子說的話：

- 媽媽爸爸相信你。
- 這件事不是你的錯。

- 不是因為你是壞小孩，才發生這樣的事。
- 雖然差點就完蛋了，不過幸好你說出來了。
- 在那個情況下，就算其他小孩也會跟你一樣，大家都沒有辦法。
- 只有那裡受傷，並不是全身都壞掉了。
- 你會生氣是理所當然的。

不可以對孩子說的話：

- 那是真的嗎？你不是在說謊吧？
- 你一定要報復！
- 你為什麼去那裡？
- 我不是說過不可以跟那個人玩嗎？
- 你應該要更小心一點！
- 我不是說過，要小心那種人嗎？
- 我不是說過，不可以跟任何人走嗎？

• 你為什麼不早點說？
• 你不要再說了！
• 現在不要說，之後再談。

——首爾向日葵中心（安東憲）

當爸媽確認孩子遭受性暴力的時候，請馬上報案，然後帶著孩子立即到醫療院所診療驗傷、蒐集證據。在處理過程中有任何問題，都可以直撥「113」二十四小時保護專線，或與各縣市的性侵害防治中心及被害人保護協會聯繫，都能提供家長專業的協助。在韓國設立的向日葵中心就是為了性暴力受害者、性買賣受害者、家暴受害者成立的機構。除了二十四小時的醫療支援，還有法律上的支援。若還在猶豫要不要報案，也可以打電話到上述機構諮詢。

在最快的時間內要做的事情是，詢問孩子並確認事情的來龍去脈，最好可以現場錄音或錄影，這樣做是考慮到萬一事後必須上法庭，與加害人在法庭攻防時，或許用得上。

有一點必須注意，家長絕對不能提出「那個叔叔那樣做吧？」或「是在叔叔家發生的吧？」這種誘導性的問題。這些問題會被解讀成，爸媽為了得到自己想要的答案才問的，在法庭上可能會造成不利。爸媽必須問：「是誰那樣做了？」「那是在哪裡？」「那時候幾點？」「他摸了哪裡？」等開放式問題。也就說不要提到特定的人、時間、場所，而是讓孩子自己想好之後再來回答。等孩子回答之後，再詢問更詳細地細節：「那個叔叔穿怎樣的衣服？還記得嗎？」「啊，是藍色褲子嗎？是怎樣的藍色呢？是牛仔褲那種藍色嗎？」像這樣繼續提出具體問題，讓孩子回答。

當然絕對不可以逼問孩子。爸媽要記住孩子現在的情緒非常混亂和不安，務必先使孩子安心後，再慢慢提出問題。問題都問完之後，也不要忘記鼓勵孩子：「我知道妳很痛苦，謝謝妳願意說出來。」

爸媽當然也可能無法冷靜的對孩子詢問相關問題，因為遇到這種情況時，相信父母也極度驚慌，容易發脾氣。如果是這樣的話，就不要勉強自己。請求專家的協助，讓專家詢問孩子，並錄音、錄影。

跟提出問題同等重要的，就是找到可以作為證據的物品。孩子當時穿的衣服，加害者的指紋或唾液沾到的玩具等，整理好後，也一起帶去報案。能夠在二十四小時之內拿過去是最好的，儘可能不要超過七十二小時。

現今科學搜查技術相當發達，即使過了一段時間，依然可以透指紋或唾液鑑定找出犯人，但時間越短準確度越高，所以越快越好。孩子的身體上也可能有加害者的指紋或唾液，所以先不要幫孩子洗澡。

還有就是檢查監視器畫面。現在到處都裝有監視器，問題是影片的保存時間並不長，可能一二個月之內就會被刪除，因此要儘快要求調閱監視器。

也有些爸媽會想立刻搬家，這是必須慎重考慮之後才能做的決定。特別是被同社區的人施加暴力後，必定會想馬上離開那個地方。可是這樣做會讓孩子覺得性暴力是自己的錯，因此，必須和孩子充分商量後再做決定。

性暴力教育15

準備偵查與等待判決時

如果將來可能要上法庭，就必須找律師。一般人面對法律時常常感到不知所措，因此最好有律師幫忙，若因為經濟上有困難，也可尋求法律扶助。

上韓國搜尋網站 Naver 或 Daum 可以查到性暴力危機中心發表的「性暴力絆腳石」、「性暴力墊腳石」名單。墊腳石名單是在調查和判決過程中，為了性暴力受害者人權而努力的人，而絆腳石名單則是造成二次加害的人。

有件事情可能一般人並不知道。那就是韓國民眾可以對警察、檢察官、法官提出迴避申請。只要提出迴避申請，就可以更換負責人。因此如果發現負責事件的警察、檢察官、法官等在性暴力絆腳石名單上的話，就可以提出迴避申請。這些人除了在調查和判決時讓性暴力受害者變得不利，還可能造成受害者更大的傷害，這些都是為保護受害者而制定的。

有些爸媽為了快點結束案件，而接受加害者的賠償金。孩子知道時或許會懷疑爸媽是不是真的為自己好吧？通過金錢來解決，孩子的痛苦並不會消失。對孩子來說，比起性暴力本身，這樣的事所造成的傷害可能更大。如果真的因為不得已而接受賠償金的話，那至少把這錢用在孩子的心理治療上。

有關賠償金的制度也是必須改變的。因為拿了賠償金，有可能會讓受害者被誤認為為了錢故意這麼做。在先進國家中，不會讓加害者和受害者直接協商金錢，而是通過國家機關評估加害程度後，要求加害者賠償受害者。

性暴力事件確實會對受害者造成巨大傷害，但之後的過程若沒處理好，所造成的傷害會更大。可惜的是在調查過程中經常發生二次傷害。因此，為了不讓孩子在過程中再次受傷，爸媽要常常跟孩子說：「這不是你的錯。」同時常常稱讚孩子：「謝謝妳有勇氣說出來。」

幸運的是在 ME TOO 運動之後，社會上關於性暴力事件的調查和判決態度已有了明顯的改變，這是我在判決現場感受到的事，世界正慢慢改變中。

性暴力教育16

孩子與父母都需要心理治療

爸媽最擔心的部分是，孩子因為遭受性暴力，而產生的不安反應會持續多久，以及萬一孩子一生都感到痛苦的話，又該怎麼辦。其實性暴力傷害是可以被治療的，透過合適的心理治療可以讓孩子的後遺症大幅減少，還可以幫助孩子以「倖存者」的身分，過上正常的生活。

針對國小低年級以下的孩子有遊戲治療，國小高年級以上的孩子則主要是諮詢治療，也會把有類似經驗的同齡孩子聚在一起進行的團體治療。憂鬱症狀嚴重的話，也會使用藥物同步治療。

孩子需要哪種類型的治療必須通過心理評估和專家相談後決定，但不論怎麼做，在過程中都需要爸媽的耐心和支持。

我也建議爸媽要接受心理治療，不是跟孩子一起參與治療，而是以性暴力受害兒童的爸媽身分，另外接受心理治療。

當孩子遭受性暴力時，爸媽多半會感到自責，會自我怪罪「我應該更多加注意孩子」、「如果沒有把孩子送去那裡的話」、「如果當時沒讓孩子一個人在哪裡」、「身為媽媽的我居然不能更早發現」。性暴力不是孩子的錯，同樣也不是爸媽的錯，毋庸置疑那全是加害者的錯。

每天面對因受到性暴力而痛苦的孩子，爸媽也可能飽受折磨，產生憂鬱症狀。為了孩子，爸媽一定要努力穩住自己，因為父母的情緒會如實傳遞給孩子，如果爸媽無法獨自承受這些壓力的話，一定要接受心理治療。

家長們可以通過各地區的性暴力防治中心尋求幫忙、接受心理治療，或和其他遇到相同情況的父母聊聊也會有幫助。

經過幾週或幾個月的心理治療後，情況變好的例子非常多。然而性暴力後遺症在隱藏一段時間後，很有可能會再發。看似痊癒了，而中止心理治療後，過了幾年或孩子已成年突然出現憂鬱症的例子很多。即使不記得幼兒時期遭受過性暴力，在青春期開始有月經之後，也可能出現奇怪的行為，對男朋友異常執著或相反地過度厭惡男性，婚後生了女兒，莫名地嚴格控管女兒等，可能有各種後遺症出現。因此，不論是孩子或爸媽都應該把眼光放遠，任何需要的時候，都可以尋求心理治療。

性暴力教育17

性別暴力也是性暴力

我前面曾說過，性教育必需把範圍擴大到「性別教育」。同樣的，現代社會也必須超越性暴力，擴大關注在性別暴力上。雖然目前性暴力問題剛因為ME TOO運動才受到廣泛關注，在這種情況下，就要進展到注意性別暴力，會讓人覺得是不是太快了。但性暴力追根究柢是從性別暴力開始的，因此我認為也必須同時探討性別暴力才行。

如果說性暴力是在違背對方意願下施加的性行為，那性別暴力就是包含所有因性別意識而產生的不平等待遇。

我舉一個自己的例子。我並不是一開始就是性教育講師，之前我曾在大企業內工作八年，最後被裁員的原因是我結婚了。結婚的女人不可以繼續在公司工作，所以被迫離開。男性會因為結婚就被裁員嗎？不會的。我還聽過公司認為男人結婚後會更加努力工作，這個就是性別暴力。

現今所遇到的問題可能不像過去那麼嚴重，公司已經不會當面跟妳說，因為妳結婚了就必須離開。但是我們國家的女性，常常在生了孩子之後就得離開職場。因為家務和育兒大部分都是交由女性來做，女性因太過勞累，最後不得不放棄職場。你是不是認為這並非直接要求女性離職，所以不能算是性別暴力呢？但是像這樣單方面把家務和育兒的負擔加在女性身上，我認為也是一種性別暴力。

性別暴力是不是只把女性當成犧牲品呢？絕對不是這樣，男性們也因為是男人這個理由過得很辛苦。有許多爸媽會對兒子說：「不要哭，男孩子哭什麼呢？男生是不能哭的，男生要很堅強。」孩子只因為是男人，不只沒有受到安慰，還被要求控制自己的情緒，這不是很不合理嗎？這種情況當然也是性別暴力。「因為妳是女孩……」和「因為你是男孩……」這些表達不對。

具備女性特質的男性，也常常成為性別暴力的對象。因為他們被認為不具備社會所要求的男性特質。

現在韓國政府正準備研擬性別暴力防治法。因此，性別暴力更應該受到大家注意。之前有某位在野黨的代表說：「性別暴力是什麼？我只有聽過變性人。」因而備受抨擊，身為政治人物居然不知道這個也太丟人了。現在正在閱讀這本書的讀者，若有人對性別暴力感覺陌生的話，請務必牢記這個概念。

當然，性別暴力防治法所涉及的人類行為規範並沒有很廣。爸媽並不會因為說「男生不可以那樣」就受到處罰。但即使如此，我仍期待性別暴力防治法的制定可以成為一個重要契機，以喚醒大眾對於性別暴力的警惕。

在日常生活中發生的性別暴力事件太多了。因此，提出這個問題的人，反而被認為是不是過於敏感。可能有人會說：「因為你太過敏感了，讓周圍的人都覺得很不方便。」但這種敏感正是讓我們更加進步的力量。**我希望大家都可以變得更敏感，敏感的人可以改變這個世界。**

性暴力教育18

關於約會暴力

在第三章中我曾提過約會暴力（現在國外為了更準確地表達意思，也會使用「伴侶暴力」這個詞）本篇我會更詳細說明，希望家中有十幾歲女兒的爸媽們能認真閱讀。

約會暴力並不是性暴力中的某一個分類，兩者之間是具有交集的關係。約會暴力可以分成囚禁、毆打、性暴力等身體上的暴力，或惡言、監視、脅迫、自殘等精神上的暴力。也就是說，在約會暴力中會有性暴力，性暴力中也有會有約會暴力。我們在這裡會一併討論的原因在於，許多女性因約會暴力而飽受折磨，當中大多數也會同時出現性暴力。

就像女性有可能成為性暴力的加害者，約會暴力的加害者中也有可能是女性。但是嚴重的被毆打或同時出現性暴力的約會暴力，除了幾個極端的案例外，加害者都是男性。

社會對於約會暴力的看法跟性暴力是類似的，也就是會去怪罪受害者。約會暴力的受害者往往被周圍的人認為「妳是不是做了什麼對不起男朋的事？」而深陷痛苦。好像受害者做錯了什麼，所以才遭受暴力對待。

防止約會暴力的根本對策跟性暴力類似。世界上不存在能完全避免約會暴力的預防方法。也就是說，爸媽不可能事前防止約會暴力發生。因此，對於約會暴力來說，防止加害者才是真正可行的對策。

如果爸媽問：「那有沒有那種教給孩子之後，對避開約會暴力有幫助的方法呢？」我會回答主體權教育。擁有性主體權的孩子，不會覺得有暴力傾向的男性有魅力，即使遭受約會暴力時，也可以馬上意識到有問題，並極為可能馬上跟周圍的人求救。

如果孩子遭受了約會暴力，根據具體情況的不同會有不同的解決方法。如果沒有發生性暴力的話，可以作為校園暴力來處理。告知學校之後，再根據學校的程序來處治。如果發生了性暴力，那就使用前面提過的性暴力處理方法報案尋求協助。如果太過慌亂完全不知道該如何處理時，建議爸媽可以先撥打 113 保護專線，將會有專業人員提供諮詢。

性暴力教育19

從受害者變成倖存者，從倖存者變成經驗者

在前面我們已經介紹過「倖存者」了。在韓國性暴力諮詢處年度舉辦的「生存者宣言大會」上，受害者們堂堂正正地說出有勇氣的宣言，向民眾傳達了正面的意義。

最近因為 Me Too 運動又出現了另一個詞，那就是「經驗者」。經驗者，指的是有過經驗的人。在字典上對於經驗者定義是「實際做過或遭遇過什麼事情的人」。

必須說，社會上大部分女性，都曾遭遇過或大或小的性騷擾或性暴力，我也是其中之一。相信現在正在閱讀這本書的讀者中，應該有很多人都是，但是所謂的經驗者，並不是單純地指有過性暴力經驗的意思。

即使有那麼多的人曾經歷過性暴力，但是因為害怕被加害者報復，擔心被社會貼上標籤，多數人都還是選擇保持沉默。直到出現了 Me Too 運動，一位受害者勇敢地公開自己的經驗後，其他受害者，還有更多的受害者紛紛站出來。Me Too 運動的名稱源於「我也是受害者」或「我也要舉報」。

只有一位受害者站出來時，社會看待受害者的視線並沒有改變，但是當其他受害者們紛紛站出來，世界各地陸續出現新的受害者後，慢慢地社會視線改變了。如今 Me Too 運動，成為一股社會潮流，讓過去存在於社會中巨大的壓抑和偏見，出現了裂縫。此外，和受害者站在一起的「With You」運動也正在展開。

「經驗者」一詞所包含的意義是，通過公開自身所遭受的性暴力經驗，和其他受害者一起凝聚力量。如果說「倖存者」是表示受害者不畏縮而積極生活的話，那「經驗者」表達的則是受害者們在社會上的團結。

我在第五章一開始的時候說過，跟性暴力相關的性教育核心概念是勇氣。經驗者站勇敢站出來和其他受害者們彼此激勵，則是更進一步的勇氣。

不管怎樣，請爸媽首先作為經驗者，為自己發聲並幫助、支持其他經驗者們。正因為有 With You 才有 Me Too 的存在，而 Me Too 也成為 With You 的巨大力量。當孩子們看到爸媽的模樣時，也才會生出勇氣。

如果閱讀本書的您，曾經是性暴力受害者，要記得在「創傷後壓力症候群」中也有著「創傷後成長」的概念。希望曾經受害的您也能通過這本書再度重生。在這種意義下，我希望日後將有機會跟受害者們一起成立「創傷後成長教育中心」，這是我的夢想。

附錄

性教育參考書籍
與性暴力求助專線

與傳統女性角色不同的兒童讀物

《紙袋公主》（The Paper Bag Princess）

羅伯特・曼許（Robert Munsch）著／邁克・馬薛可（Michael Martchenko）繪／遠流出版

如果童話故事有公主的話，你會覺得這是怎樣的故事呢？是不是覺得公主一定美若天仙，穿著飄逸的婚紗，然後經歷這個那個之後，最後跟王子結婚了。那是因為我們看過的公主都是這樣。

但是這本書的主角伊莉莎公主完全不是這個樣子。故事一開始，這位公主跟其他故事的公主也沒有什麼不一樣。後來出現了可怕的龍並把王子抓走了。對，不是公主被抓走，是王子。於是伊莉莎直接出發去救王子，公主機智救王子的過程和到最後結局的反轉，即使是身為大人的我閱讀時也覺得相當有趣，這位公主非常厲害，和跟平時喜歡公主故事的孩子一起閱讀後，可以彼此分享討論什麼才是真正的公主。

《艾蜜莉亞，你忘了穿裙子》（You Forgot Your Skirt,Amelia Bloomer）

沙娜・科瑞（Shana Corey）著／切斯利・麥克拉（Chesley Mclaren）繪

艾蜜莉亞・布盧默生於一八一八年，是一位美國婦女權利的提倡者。當時的女性們連投票權都沒有，穿著打扮上也相當不自由。她們必須穿著緊緊勒著身體的束衣，並套上一層層的裙子，相當地不舒服。生活在這種環境下的艾蜜莉亞・布盧默某天決定穿上自己喜歡且舒適實用的衣服。她不顧他人眼光，做自己想做的事情。

現在的女性可以自由選擇要穿裙子或褲子，就可以說已經自由了嗎？我不這樣認為，從最近興起的束衣運動就可以知道，依然有許多女性在社會上被迫要穿得像女人。

像這樣把過去跟今日比較之後，對孩子提出問題，如果孩子平時就強烈執著要穿美麗卻不舒服的衣服，那麼爸媽就得跟孩子多討論幾次喔！

《大媽媽，創造了世界》（Big Momma Makes the World）

菲利斯．魯特（Phyllis Root）著／海倫．奧森柏莉（Helen Oxenbury）繪

世界上主要宗教的神都是男性的模樣，特別是某些宗教還會稱神為「天父」。大家難道不會產生疑問嗎？為什麼沒有被稱為母親的神呢？

這本的主角 Big Momma 就是這樣的存在。她的名字也是「媽媽」，是照顧孩子的媽媽，同時也是主婦。不僅要洗衣服也要洗碗，因為有著媽媽和主婦的身分和手藝，這位大媽媽一點點地創造了這個世界。當我們看到 Big Momma 邊用充滿愛意的眼神，看著自己創造出來的事物邊說：「好厲害喔，我果然很了不起。」一時，不由得讓人想成為她的信徒。

當然可能有人會說，為什麼女性的神就一定要照顧小孩和做家事呢？我認為

我們也可以用另一個角度來看，重新認可和評價那些，被貶低了並被認為是女性工作的育兒和家事。請把你的想法也跟孩子們分享吧！

《叛逆的韻律》（Roald Dahl’s Revolting Recipes）

羅爾德．達爾（Roald Dahl）著／昆丁．布雷克（Quentin Balke）繪

這本是對傳統民間故事重新詮釋後的模仿童話。一共有六個故事，其中《灰姑娘討厭王子》、《成為百萬富翁的白雪公主》、《紅色帽子和毛皮大衣》中完全改寫了女性角色，相當有趣。

在《成為百萬富翁的白雪公主》中，主角白雪公主為了躲避想殺死自己的後母而逃走了，後來她到了小矮人家裡工作。這群小矮人雖然很善良，但是卻沉迷賭馬常常輸錢，白雪公主後來回到皇宮偷走了鏡子，接下來白雪公主又要怎樣賺到錢呢？

傳統民間故事因為年代久遠，所以常常有些不合時宜的觀念，但並不是說就

因為這樣要阻止孩子們閱讀這些故事，因為其實不管再怎樣預防，孩子最後都會從幼稚園、同齡朋友、媒體等去接觸到。因此，如同前面所提過的，爸媽可以直接改寫傳統故事後，再讀給孩子聽並分享想法，孩子也可以根據自己所想來改寫故事情節。

《公主的特別旅行》（Princesses on the Run）

絲蜜佳娜・可（Smiljana Coh）著

這本也算是模仿童話。書中把傳統故事中的公主們原本的樣子跟改變後的樣子做比較。

安東妮亞公主雖然被漂亮的玩具包圍，但她總是覺得很寂寞，她想跟朋友們一起玩，卻不被允許；灰姑娘忙著打掃；樂佩公主被關在城堡內；睡美人因為總是在睡而很疲累。有天安東妮亞公主終於受不了，她把所有的公主朋友們帶出來一起去森林旅行。在旅行後，公主們的人生也開始改變了。

在這本公主的故事中，完全沒有王子，書中只著重描述公主們各自的人生、勇氣和變化。她們沒有等待王子救援，而是彼此幫忙。因此，很適合用來跟孩子講述性主體權。即使性主體權的概念對孩子來說很難理解，但隨著故事發展，孩子也能逐漸懂得要怎麼做。

《獵人女孩：鏡子女神和獵人女孩的誕生》（헌터걸：거울 여신과 헌터걸의 탄생）

金惠靜著／尹貞珠繪

這是一本韓國的作品。從書名就可以感覺得出來是跟帥氣女孩有關的故事。當講到戰士時，大家部分的人都會聯想到男生吧！戰士基本上指的都是男生，所以有女戰士這個詞，但不會特別強調「男戰士」。但是這本書的戰士是位少女，主角康芝知道自己的命運是要成為獵人女孩時，一開始非常抗拒，最後她接受了使命，還處罰了那些欺負孩子的壞大人們。

通常這種類型的故事，女生都會是需要主角協助的人，或是主角的朋友。因此，在閱讀時看到獵人女孩的作為會感到很痛快，可以和孩子一起思考，若自己是書中的主角會想要做些什麼呢？

《希爾達冒險故事》系列（Hilda）

盧克・皮爾森（Luck Pearson）著

從書名就能知道，這是叫希爾達女孩的冒險故事，前面介紹的獵人女孩是戰士，而希爾達則是冒險家。她會在山上四處亂跑，在雨中露營，對陌生的地方感興趣，希爾達總是朝氣蓬勃。

雖然這是一系列的故事，但各自獨立，所以可以分冊閱讀。希爾達在草原上到處跑，突然被巨大的網子追趕；知道朋友正在找比山還高大的巨人之後，她也一起幫忙尋找。

許多女孩子在成長過程中，因為想要符合女性化的樣貌而自發地制約了自己的行為，這真的是非常可惜的事情。因此，希爾達成為孩子們的某種模範，讓她們即使在日常生活中，也能夠發揮自己的本性，如同希爾達一樣具有冒險精神。

爸媽跟孩子一起閱讀希爾達的冒險故事後，請孩子們想像一下自己想要體驗哪種冒險呢？

性教育相關的書籍

「和媽媽一起看的性教育繪本」系列（엄마와 함께 보는 성교육 그림책）

1《我弟弟出生了》 2《我是女生，我弟弟是男生》 3《我的身體很重要》

鄭智英著／鄭惠英繪

這套繪本共三本，介紹「寶寶如何出生？」「女生和男生在身體上有哪些差異？」以及「保護自己身體的方法」。雖然名為「和媽媽一起看」系列，但是爸爸也是可以陪孩子一起閱讀喔！

《傷心的娃娃》（Das kummervolle Kuscheltier）

凱特琳．勞爾（Katrin Lauer）著／安妮特．貝利（Annette Bley）繪

這是一本教導孩子在遭受性暴力後要如何鼓起勇氣尋求幫忙的繪本。主角布蘭妮的繼父不只是隨便摸布蘭妮的身體，還恐嚇她不可以跟任何人說。布蘭妮只能跟娃娃說出她的苦惱，想不到娃娃因為太過生氣，竟開始說話。它跟布蘭妮說：「妳不是娃娃！妳不是叔叔的玩具！」最後布蘭妮去找鄰居阿姨說出這個祕密後，請阿姨幫忙。爸媽可以和孩子討論如果自己是布蘭妮，或是娃娃的話會怎麼做呢？

《喜歡時可以抱抱嗎？》（좋아서 껴안았는데，왜？）

李賢惠著／李孝時繪

這是一本探討性教育中身體自主權的繪本。俊秀抱了同班的女生知雅，知雅

非常生氣，所以他感到不知所措。經過這件事，俊秀總算知道所有事情都有界線，任何人都不可以隨便越線。小讀者們通過界線這個概念，可以知道必須尊重自己身體和別人身體。請爸媽和孩子一起想想還有什麼事物是有界線的呢？

《這個時候要說不要！》（Mimì fiore di cactus）

瑪麗法蘭絲・波提（Marie-France Botte）著／帕斯卡・勒梅特（Pascal Lemaître）繪

這本繪本教導孩子在遇到可能發生性暴力的危險情況時該怎麼做。主角咪咪和刺蝟賈斯東遇到了陌生叔叔，後來朋友陷入危險，書中教孩子學會在各種情況下，都要大聲地喊：「不要！」爸媽在閱讀時，可以和孩子一起假設遇到書中出現的情況，並訓練孩子大聲說：「不要。」

《性教育，請多指教》（성교육을 부탁해）

李英蘭著／姜孝淑繪

這是一本描述青春期的身體變化和性別意識問題等內容的童書。把孩子出現第二性徵後，在日常生活中會遇到的事情通過漫畫型式來講述，其相關知識則通過具體文字說明。書中所提到的性知識都很適合孩子閱讀，可以幫助孩子思考與性相關的事，這本書孩子可以自己看，如果爸媽也能一起閱讀並分享想法的話會更好喔！

《性教育常識字典》（성교육 상식사전）

這是一本把各種性知識用漫畫百科的形式整理而成的童書。身體的構造和青春期成長的相關知識雖然很簡潔，但是本書用真實的圖片來介紹，同時書中也說明了青春期的心理變化、性病等內容。孩子可以從頭整本閱讀，也可以在想了解什麼的時候再來翻看。

性暴力求助專線

政府單位求助機構

1. 113 保護專線
2. 衛生福利部保護服務司　(02)8590-6666
3. 臺北市家庭暴力暨性侵害防治中心　(02)2361-5295 分機 226
4. 新北市政府家庭暴力暨性侵害防治中心　(02)8965-3359 分機 2303
5. 臺中市家庭暴力及性侵害防治中心　(04)2228-9111 分機 38800
6. 臺南市政府家庭暴力暨性侵害防治中心　(06)298-8995
7. 高雄市政府社會局家庭暴力及性侵害防治中心　(07)535-5920 分機 403
8. 桃園市政府家庭暴力暨性侵害防治中心　(03)332-2111
9. 新竹市家庭暴力暨性侵害防治中心　(03)535-2386
10. 新竹縣家庭暴力暨性侵害防治中心　(03)551-8101 分機 3165、3167

11. 苗栗縣家庭暴力暨性侵害防治中心　(037)322-150

12. 彰化縣家庭暴力暨性侵害防治中心　(04)726-4150

13. 雲林縣家庭暴力暨性侵害防治中心　(05)552-2560

14. 嘉義市家庭暴力暨性侵害防治中心　(05)225-4321 分機 121　(05)225-3850

15. 嘉義縣家庭暴力及性侵害防治中心　(05)362-0900 分機 3303

16. 屏東縣家庭暴力暨性侵害防治中心　(08)732-0415

17. 基隆市家庭暴力暨性侵害防治中心　(02)2420-1122 分機 2205

18. 宜蘭縣政府家庭暴力暨性侵害防治中心　(03)932-8822 分機 278

19. 花蓮縣家庭暴力及性侵害防治中心　(03)824-6846

20. 臺東縣家庭暴力及性侵害防治中心　(089)320-172 分機 54

21. 南投縣家庭暴力暨性侵害防治中心　(049)222-2106~9

22. 澎湖縣家庭暴力暨性侵害防治中心　(06)927-4400 分機 531、532、355

23. 金門縣家庭暴力暨性侵害防治中心　(082)324-648、323-019、373-291

24. 連江縣家庭暴力暨性侵害防治中心　(0836)22095

其他財團法人求助機構

1. 社團法人臺灣兒少權益暨身心健康促進協會——全芯創傷復原中心（02）7730-7696 分機 13
2. 芙樂奇心理諮商所——心芙創傷復原中心（04）8346-028
3. 桃園市助人專業促進協會——助人性侵害創傷復原中心 03-3359-532 分機 501
4. 勵馨社會福利事業基金會——蒲公英諮商輔導中心 02-8911-8595

（資料來源：衛生福利部保護服務司）

family field 親子田　親子田系列 040

世界很亂，你得和女兒談談性

움츠러들지 않고 용기있게 딸 성교육 하는 법

作　　者　孫京伊
譯　　者　劉小妮
總 編 輯　何玉美
責任編輯　王郁渝
封面設計　楊雅屏
內文排版　陳佩君

出版發行　采實文化事業股份有限公司
行銷企劃　陳佩宜・黃于庭・馮羿勳・蔡雨庭
業務發行　張世明・林踏欣・林坤蓉・王貞玉
國際版權　王俐雯・林冠妤
印務採購　曾玉霞
會計行政　王雅蕙・李韶婉・簡佩鈺
法律顧問　第一國際法律事務所 余淑杏律師
電子信箱　acme@acmebook.com.tw
采實官網　http://www.acmestore.com.tw
采實臉書　http://www.facebook.com/acmebook

I S B N　978-986-507-148-6
定　　價　320 元
初版一刷　2020 年 7 月
劃撥帳號　50148859
劃撥戶名　采實文化事業股份有限公司
104 台北市中山區南京東路二段 95 號 9 樓
電話：(02)2511-9798　傳真：(02)2571-3298

國家圖書館出版品預行編目資料

世界很亂，你得和女兒談談性 / 孫京伊著 ; 劉小妮譯 . -- 初版 .
-- 臺北市 : 采實文化 , 2020.07
面 ;　公分 . -- (親子田系列 ; 40)
ISBN 978-986-507-148-6(平裝)

1. 性教育 2. 親職教育

544.72　109007395

采實出版集團
ACME PUBLISHING GROUP

family
field
親子田

family
field
親子田

family
field
親子田

family
field
親子田